Br. Decius

Die hebräischen Mysterien oder die älteste religiöse Freimaurerei

Br. Decius

Die hebräischen Mysterien oder die älteste religiöse Freimaurerei

ISBN/EAN: 9783742898173

Hergestellt in Europa, USA, Kanada, Australien, Japan

Cover: Foto ©Thomas Meinert / pixelio.de

Manufactured and distributed by brebook publishing software
(www.brebook.com)

Br. Decius

Die hebräischen Mysterien oder die älteste religiöse Freimaurerei

Die
Hebräischen Mysterien

oder

die älteste religiöse

Freymaurerey.

In zwey Vorlesungen gehalten in der ☐ zu ****

von

Br. Decius.

Leipzig
bey Georg Joachim Göschen
1788.

Einleitung.

Wie wenig eine lange und vielfältige Wiederholung eines Wortes beytrage, um den Sinn desselben festzusetzen, hievon, meine Brüder, können Sie Sich durch eine auch nur mittelmäßige Aufmerksamkeit auf den Gebrauch überzeugen, der von dem Worte Mysterien in der maurerischen sowohl, als in der profanen Welt gemacht wird. Ich bin zwar eben so weit entfernt, nach diesem Gebrauch, als nach der Beschaffenheit der Maurerschriften, die mit jeder

A 2

Buchhändlermesse zahlreicher werden, die
gegenwärtige Aufklärung in unserm Orden
zu beurtheilen; aber eine genauere Bekannt=
schaft mit beyden hat mich nicht selten zu
denken versucht, daß wir vielleicht keinen ein=
zigen Begriff aufzuweisen haben, der unbe=
stimmter, schwankender, verworrener wäre,
als gerade derjenige, der die gesamte Mau=
rerwelt bisher am meisten beschäftigte, und
gleichsam den Mittelpunkt ausmachte, um den
sich alle unsere Systeme herumdrehten. Das
Wort, welches diesen Begriff ausdrücken
soll, hat beynahe aufgehört ein Gedänken=
zeichen zu seyn; und scheint sich dem Schick=
sale zu nähern, welches die Worte Genie,
Empfindsamkeit, Kraft, u. s. w. eine
Zeit lang erfahren mußten, nachdem das
windige Geschwätz seichter Köpfe fast allen
Inhalt aus denselben herausgeblasen hatte,
und die besseren Schriftsteller sich in Verle=
genheit befanden, so oft sie sich genöthiget
sahen, mit einem dieser berüchtigten Worte
aufzutreten. Nichts ist indessen gewisser,
meine Brüder, als daß die maurerische

Aufklärung durch das Spiel, welches bisher
mit einem unserer wichtigsten Worte getrieben wurde, mehr gelitten habe, als sich diejenigen vorstellen können, die dasselbe ohne
auch etwas Arges, oder vielmehr ohne überhaupt etwas dabey zu denken, bey jeder Gelegenheit im Munde führen.

Mysterien heissen unter uns die Feyerlichkeiten unserer Aufnahmen, die Ceremonien unserer Versammlungen, die Hieroglyphen auf unserm Tapis, die Arbeiten unsrer
Grade, die geheimen Wissenschaften, die
man uns vermuthen läßt, die Aufschlüsse, die
man uns giebt, und die, welche man uns
verspricht, kurz, fast alles, was man in unserm Heiligthume sieht, hört, und thut,
kömmt unaufhörlich unter dieser Benennung
vor. Allerdings muß ein gemeinschaftlicher Grund da seyn, warum wir allen
diesen Dingen einen gemeinschaftlichen
Namen beylegen, und dieser Grund muß
unstreitig das Etwas seyn, was wir uns bey
dem Worte Mysterien denken oder doch den-

fen follten. Allein wenn wir einerfeits die
Gleichgültigkeit, mit der diefes Etwas von einem Theile unferer Brüder ver-
nachläffiget, andererfeits aber die Schwärmerey bedenken, womit es von einem andern Theile gemißbraucht wird; fo können
wir uns unmöglich verbergen, daß fich die
Erfteren nicht viel mehr als Nichts, und die
Letztern offenbar zu viel dabey denken müffen.

Indeffen giebt es noch eine beträchtliche
Anzahl von Brüdern, die zu keiner diefer
beyden Claffen gehören, und nichts defto
weniger mitten im Heiligthume unfers Ordens viele Schwierigkeiten finden, den Ge-
genftand unfrer Myfterien mit befriedigender
Gewißheit kennen zu lernen. Diefe find es,
die fichs vorzüglich zum Gefchäfte gemacht
haben, die Myfterien der Alten zu ftu-
diren, um in denfelben wo nicht die Auflö-
fung, doch wenigftens brauchbare Winke und
Erörterungen über manches maurerifche Pro-
blem zu finden. Ich getraue mir nicht zu
beftimmen, wie weit man auf diefem Wege

kommen dürfte; aber ich wage es zu behaupten, daß ihn der gewöhnliche Gang der
bisherigen Untersuchungen verfehlt habe.
Man hat die vorgefaßten und verworrenen
Begriffe, die man in gewissen Maurerschriften und Systemen eingesogen hat, dabey
zum Grunde gelegt, die verschiedenen Arten
der alten Mysterien, so wie ihre verschiedenen Zustände vermengt; Pflanzschulen esoterischer Philosophie mit geheimen
Gaukelbuben des Aberglaubens, und Zu-
sammenschwörungen herrschsüchtiger Pfaffen
verwechselt; man hat, endlich die Bruchstücke, die von der Geschichte der alten Mysterien auf uns herabgekommen sind, durch
Phantasie ergänzt, und sich begnügt, unter
denselben zufällige Aehnlichkeiten mit
maurerischen Ceremonien aufzusuchen, oder
wohl gar im Nothfalle durch geschickte und
ungeschickte Wendungen zu erkünsteln. So
kam es, daß an der Stelle des gehofften Lich-
tes immer mehr Dunkelheit und Verwirrung
über den Gegenstand unsrer Mysterien
gebracht wurde. Wir hatten die Ursache,

warum wir nie aus dem Labyrinthe kommen
konnten, nur in dem einzigen Umstande aufzusuchen, daß wir unaufhörlich den Bau
dieses Labyrinthes fortsetzten.

Die Mysterien der Alten hatten einen Zeitpunkt, da kein Eingeweihter ihren
Gegenstand verkennen, und folglich weder
durch Gleichgültigkeit vernachläſſigen, noch
durch Schwärmerey mißbrauchen konnte. Es
war dieses die Zeit ihrer Blüthe, die so lange dauerte, als sie, wie Warburton vor-
trefflich bewiesen hat, die erhabenen Lehren
von der Einheit Gottes und der Unsterblichkeit der Seele fortpflanzten,
und in ihrem höheren Grade theils historische, theils philosophische Aufschlüſſe
über die Volksreligion ertheilten. Die Einweihung war damals nichts weniger als
ein leeres sinnloses Gepräng, wodurch der
Neueingeweihte um nichts klüger geworden
wäre. Nachdem dieser nach vorhergegan-
gener Prüfung einmal im Heiligthume eingeführt war, gab es für ihn keine Geheim-

niſſe mehr, keine unerklärbaren Ceremonien,
keine räthſelhaften Formeln, keine vieldeuti=
gen Hieroglyphen. Nichts wurde hier ſei=
ner Vernunft entzogen, und ſeiner Einbil=
dungskraft überlaſſen; die eine fand ſich eben
ſo wenig in ihren Erwartungen betrogen, als
die andere genöthiget, ſich ſelbſt zu betrü=
gen; der Epopte verließ den Verſamm=
lungsort weder als ein Gleichgültiger noch
als ein Schwärmer, und er hatte von nun
an weder Geld, noch mühſames Stu=
dium vonnöthen, um zu erfahren, was
er ſich bey dem Worte My ſterien den=
ken ſollte. *

Ich überlaſſe Ihnen, meine Brüder! zu
beurtheilen, in wie ferne ſich unſre Brüder
Mei ſter in dem Falle dieſer Epopten be=
finden mögen. Aber ich glaube die meiſten

---

* Wer ſich von der Möglichkeit ſolcher Myſte=
rien näher überzeugen will, leſe: Das ver=
beſſerte Syſtem der Illuminaten mit
allen ſeinen Einrichtungen und Graden. Her=
ausgegeben von Adam Weishaupt Sächſ.
Gothaiſchen Hofrath. Frankf. und Leipz. 1787.

Stimmen auf meiner Seite zu haben, wenn ich behaupte, daß auch die gelehrtesten Abhandlungen über jene Pflanzschulen esoterischer Religion in ihrem blühenden Zustande wenig oder nichts beyzutragen vermögen, die Begriffe, die wir uns von unsern Mysterien zu machen haben, geradezu festzusetzen, oder die Zweifel derjenigen aufzulösen, die noch nicht die Parthey von irgend einem der vielen Maurersysteme ergriffen haben.

Indessen hatten, oder behielten die Mysterien der Alten nicht immer jenen großen, gemeinnützigen, und jedem Eingeweihten sowohl gleich begreiflichen, als gleich wichtigen Gegenstand. Er verlohr sich so, wie sich Pöbel und mit demselben pöbelhafte Gesinnungen ins Heiligthum eindrangen. Es kamen Hierophanten, die es ihrem Vortheile gemäßer fanden, die bisherigen Geheimlehren des letzten Grades, die gegen allen Aberglauben die gewisseste Arzney enthielten, zu unterdrücken, und da=

für die gewöhnliche Nahrung dieser einträg-
lichen Seelenkrankheit zu unterschieben.
Sie nahmen endlich jene verhaßten Wahrheiten mit sich ins Grab, und die meisten
ihrer Nachfolger hatten, das den Götzen-
pfaffen aller Zeiten und Völker so erwünsch-
liche Glück, daß sie aus Dummheit oder
Schwärmerey selbst glaubten, was sie aus
Eigennutz auch gegen ihr Gewissen gekehrt
haben würden. Nun bekam das Wort Mysterien so vielerley Bedeutungen, als der
herrschende Aberglaube Gestalten hatte.
Das einzige Merkmal, welches alle diese
Bedeutungen unter sich gemein hatten, war
Unbegreiflichkeit, oder besser zu sagen,
Vernunftlosigkeit. Das Heiligthum, welches vormals für den Eingeweihten kein Geheimniß hatte, zeigte ihm nun
nichts als Geheimnisse, und je weiter er in
das Innere desselben vordrang, desto schwe-
rer wurde es ihm, von seiner Vernunft Gebrauch zu machen. Die Ceremonien nahmen an Menge und Abentheuerlichkeit zu,
und je weniger sie dem Verstande darbothen,

desto mehr gaben sie einer durch tausend
Kunstgriffe erhitzten Phantasie zu hoffen, zu
vermuthen, zu errathen. Der betäubte
Suchende sah und hörte Dinge, wovon er
in der Natur nichts ähnliches angetroffen
hatte, und hielt sie für Uebernatürlich.
Der Wunderglaube, der mit ihm von
seiner ersten Kindheit an aufgewachsen war,
erleichterte es dem Mystagogen, ihn auch
in den alltäglichsten Gegenständen und Handlungen, an Waschwasser und Salböle,
Speise und Trank, und dem mit gewissen
Wortformeln begleiteten Gebrauche dieser
Dinge, sichtbare Zeichen der unsichtbaren Einwirkung der Götter gewahr werden
zu lassen. Die alten Hieroglyphen, die
vorhin einen Sinn hatten, der gedacht
werden konnte, hatten nun eine innere
Kraft, die geglaubt werden mußte. Mit
einem Worte! das ganze Institut war nun
gerade das Gegentheil von dem geworden, was es vorher war, ohne daß es
darum seine der Welt in die Augen
fallende Aussenseite beträchtlich geändert,

und seinen alten Namen verlohren hatte. *

Allein auch selbst bey diesem Zustande der alten Mysterien blieb doch der Gegenstand derselben den Eingeweihten kein Geheimniß. Sie waren entweder Betrüger oder Betrogene; aber fanden in beyden Fällen, was sie suchten. Sie hatten zwar verschiedene, allein doch immer bestimmte Endzwecke, deren sie sich bewußt waren. Die einen holten sich in dem Heiligthume Gesundheit, Leibeserben, Vergebung der Sünden, Unverletzbarkeit, Orakelsprüche, geheime Wissenschaften, magische Künste und wie die Gnadenschätze alle heissen mochten; die andern aber das Geld und die Ehrenbezeugungen der Ersten ab. Beyde Classen wußten, was sie dabey zu denken hatten, so oft von Mysterien die Rede war.

---

* Wer sich von der Wirklichkeit solcher Mysterien überzeugen will, lese den Hirtenbrief an die wahren und ächten Freymaurer alten Systems 1785.

Kein ächter Freymaurer würde sichs ver=
geben können, wenn er sich über den Unter=
schied unsers Ordens und der so eben geschil=
berten Mysterien auch nur ein Wort verlöhre.
Aber eben dieser so ungeheure Unterschied
scheint es ausser allen Zweifel zu setzen, daß
wir von den alten Mysterien in ihrem
Verfalle noch viel weniger als in ihrer
Blüthe über den Gegenstand der unsrigen
Aufschlüsse zu erwarten haben, so geschickt
übrigens die traurige Geschichte ihrer Ausar=
tung auch seyn möchte, gegen wirkliche und
mögliche Mißbräuche der Freymaurerey
zu warnen. Diejenigen aus unsern Brü=
dern, die ungeachtet alles ihres eifrigen Nach=
forschens über manchen Punkt, der den Ge=
genstand unsrer Mysterien betrifft, bisher
noch nicht ganz mit sich selbst einig werden
konnten, werden sich gestehen müssen, daß
sie sich aus den Erklärungen des Br. Red=
ners, den Katechismen, dem Consti=
tutionsbuche, und ich möchte fast sagen,
aus allen übrigen Maurerschriften, die ihnen
je in die Hände gekommen sind, eben so we=

nig alle Fragen beantworten könnten, die
sich ihnen über den Sinn unsrer Hierogly=
phen aufgedrungen haben. Aus der feyer=
lichen Erklärung der höchsten Oberhäupter
unsers Ordens * wissen wir, daß unser Zweck
Wohlthätigkeit im ausgedehnte=
sten Sinne, und folglich, daß er keineswe=
ges das Geheimniß sey, dessen Verheimli=
chung wir mit dem großen Eyde unter=
zeichnet haben. Gleichwie uns die Erklärung
des Conventes dafür steht, daß jenes Ge=
heimniß, weil es nicht selbst Zweck ist, Mittel
zum Zwecke seyn müsse; eben so ist uns jener
Eyd Bürge, daß es aus unserm Heiligthume
noch nicht verlohren gegangen sey. So we=
nig nun unsre Hieroglyphen unser gan=
zes Geheimniß ausmachen können; so
gewiß gehören sie zu diesem Geheimnisse,
weil sie in unserm Eyde mitbegriffen sind,
und ohne Beziehung auf dasselbe sinnlos seyn
müßten. Wer also über unsre Mysterien
etwas zu fragen hat, der muß diese Hiero=

---

* Auf den weltbekannten letzten Ordens=Convent
zu Wilhelmsbad.

glyphen selbst fragen. Sie allein sprechen
noch immer fort, indessen unsre Meister
verstummt sind; sie sind die sichersten Aufbe-
wahrer, die zuverlässigsten Ausleger, und
die unbestechlichsten Zeugen von dem Sinne
unsrer Vorfahren; und nicht ohne Ursache
werden wir von Seiten des Ordens selbst so
nachdrücklich zum fleissigen Studium derselben aufgefordert.

Nach dieser Voraussetzung sollen Abhandlungen über die Mysterien der Alten keinesweges mit der Aufsammlung und Darstellung
der zerstreuten Bruchstücke ihrer Geschichte
anfangen, und sich mit der Aufsuchung ihrer
zufälligen Aehnlichkeit mit der Maurerey
endigen; sie sollen vielmehr von unserem
Heiligthume ausgehen, den Faden der
Untersuchung an unsere vorzüglichsten und be-
deutungsvollsten Hieroglyphen anknüp-
fen, und denselben durch die Geschichte ihres
buchstäblichen Sinnes, ihres ursprünglichen
Gebrauches, ihrer verschiedenen Schicksale
bis zu ihrer Entstehung hinauf verfolgen,

dann wieder in unser Heiligthum zurücke
kehren, um durch eine genaue Vergleichung
der einzelnen Hieroglyphen unter einander
auch ihren gemeinschaftlichen Zweck, oder
doch wenigstens den Geist ihrer ursprünglichen Zusammensetzung kennen zu lernen.
Der forschende Maurer wird auf diesem
Wege Winke erhalten, die ihm mehr sagen
werden, als ihm alle Hierophanten und
Mystagogen von Memphis und
Eleusis hätten sagen können. Das Innere des Heiligthums, das bisher vor
seinen Augen mit den dichtesten Finsternissen
verhüllet da lag, wird ihm freylich nur durch
einzelne Blitze erleuchtet werden, aber wenn
er dabey nichts sieht, so darf er immer seine
Augen in Verdacht haben.

*   *   *

Die meisten und wichtigsten unsrer Hieroglyphen sind religiöser Abkunft.
Die große Allegorie, die von den drey Gra-
ben unsrer Johannis ⊐⊏ vorgestellt wird,
und von der unser ganzer Orden seinen Na-

B

men führt, bezieht sich auf den Bau eines wieder herzustellenden Tempels. Ich kann und will hier diejenigen aus meinen Brüdern, die sich unter diesem Tempel das Gebäude ihrer moralischen Vollkommenheit, oder des allgemeinen Menschenwohls zu denken gewöhnt haben, keinesweges in ihren bessern Ueberzeugungen stören. Ich bitte sie nur zu bemerken, daß wir den wesentlichen Ausdrücken unsrer fundamentalen Allegorie gemäß nicht schlechterdings ein Gebäude sondern einen Tempel, und zwar keinen Tempel einer allegorischen Gottheit — der Weisheit, der Natur, der Tugend, keinen der Isis, des Jupiter, des Mythras oder irgend einer andern mystischen Gottheit der Alten, sondern den zerstörten Tempel der Juden, den Tempel der Religion, die den gemeinen Glauben der Christen zum Grunde legt, zu bauen haben. ==

Ich will hier nichts von den vielbedeutenden, aus der hebräischen Religionsgeschichte entlehnten Sinnbildern sagen, die in gewissen höheren Graden der Freymaurerey
vorkommen; ich erwähne hier nur derjenigen, die wir in unsern Johannis ⊐ immer vor Augen haben; der zwey Säu-
len aus dem salomonischen Tempel,
der Franzen an dem Vorhange des
Heiligthums, des mosaischen Fußbo-
dens, und des siebenarmigen Leuch-
ters, unsrer hebräischen Paß- und
Losungsworte, und besonders jenes in
der jüdischen Theologie so merkwürdigen Wortes, wovon die Maurerey unter
dem Namen des Meisterwortes einen
nicht weniger geheimnißvollen Gebrauch
macht. * Unsre erste Aufnahme und Ein-

B 2

* Wie einige Altmeister behaupten: so soll sich das
   eigentliche Geheimniß in den Anfangs-
   buchstaben dieses Wortes — oder wie es in
   einem gewissen Ordensgrade heißt — in das
   große J — zurück gezogen haben.

führung in den Orden ist in ihren wesentlich-
sten Ceremonien ein unverkennbares Bild
der Aufnahme der Israeliten zum Volke
Gottes, und ihrer Einführung in das
Land der Verheissung. Haben wir
nicht alle so wie die Israeliten einen lang-
weiligen und schaudervollen Aufenthalt in einem wüsten Vorbereitungs-
orte, einen Durchzug durch Feuer und
Wasser, eine mühe- und gefahrvolle
Reise zurücklegen müssen, bevor wir an der
heiligen Stätte anlangten? — Ohne
eben in allen Graden aller maurerischen Systeme eingeweihet zu seyn, können Sie Sich,
meine Brüder, fast in jedem Buchladen überzeugen, daß der Glaube an die Wunder
und Geheimnisse der jüdischen Religionsgeschichte in manchen dieser Grade und Systeme wesentlich und schlechterdings unentbehrlich sey.

Ich könnte mich hier auf diejenigen Systeme berufen, welche die eigentlichen Wis-

senschaften unsres Ordens von den Hebräern herleiten, unsere Geheimnisse durch die dreyzehn Regeln * der Kabalistik in der Urschrift der Bibel aussuchen, ausser der besagten Bibel noch eine mündliche dem Moses und den 70 Aeltesten auf Sina geschehene Offenbarung annehmen und den hebräischen durch einige Operationen der christlichen Mystik geläuterten Adam Kadmon, als den Schlüssel aller geheimen theoretischen und praktischen Naturkenntnisse zu brauchen wissen. — Allein ich will mich hier keiner Gründe bedienen, die nicht jedem meister Brüder gleich einleuchten möchten. Die Wissenschaften der Hebräer mögen mit den maurerischen verwandt seyn oder nicht, genug für jeden lichtbegierigen Freymaurer, daß

---

* Kabala denudata seu doctrina Hebraeorum transcendentalis etc. Sulzbaci 1677 — Liber Sohar restitutus — Francofurti 1684.

in so unzähligen Ordensschriften auf jene
Wissenschaften hingewiesen, und ihre unmittelbar göttliche Quelle behauptet wird;
genug für uns, daß wir wissen, sie werden
in unserem Orden getrieben, genug sage ich,
um auf i h r e Q u e l l e aufmerksam zu werden.

Die Israeliten kamen aus Aegypten,
dem Vaterlande der Mysterien, ihr
Gesetzgeber war in aller Weisheit
und Wissenschaft dieses Landes unterrichtet, und höchst wahrscheinlich in den
Mysterien desselben eingeweihet.   Aus
dem vielfältigen Gebrauche, den er von seinen daselbst geschöpften Einsichten gemacht
hat, läßt sich vielleicht auf den u r s p r ü n g-
l i c h e n Sinn unsrer von ihm entlehnten H i e-
r o g l y p h e n, und die Beschaffenheit derjenigen Mysterien schließen, die bisher ein
eben so würdiger als gewöhnlicher Gegenstand unsrer Untersuchungen gewesen sind.

Endlich hat kein Volk so viele Hieroglyphen, Ceremonien und Ritualgeseße aufzuweisen, als die Hebräer; wir besißen sie wenigstens von keinem andern Volke so genau und umständlich aufgezeichnet; von keinem sind sie aus ältern Zeiten auf uns herabgekommen; bey keinem ist ihr Ursprung, ihr Endzweck, ihr Gebrauch und Mißbrauch, ihr moralischer und politischer Einfluß so sichtbar und so merkwürdig. — Gründe genug um die Wißbegierde der Mitglieder einer Gesellschaft zu reißen, die eigentlich ganz Hieroglyphe ist, streng über ihre vielen Ceremonien hält, und Ritualgeseßen gehorcht, deren vollständiger Sinn für manchen Eingeweihten ein Räthsel ist.

Die übrigen Gründe, warum ich die Hieroglyphen, Ceremonien und Ritualgeseße der Hebräer in maurerischer Hinsicht behandeln zu müssen glaubte, warum ich sie zusammengenommen die Mysterien der Hebräer nenne, und nach Art der Aegyptischen und Eleusinischen in die kleineren und größeren Mysterien eintheile), werden sich jedem aufmerksamen Zuhörer von selbst darbieten.

Die
Hebräischen Mysterien
oder
die älteste religiöse
Freymaurerey.

Erste Vorlesung.

Erste Vorlesung.

Von den
kleinern Mysterien der Hebräer.

Erster Abschnitt.
Von den Hebräern in Aegypten.

Die Hebräer wurden nach dem Zeugnisse ihrer eigenen ältesten Urkunde in Aegypten aus einer Familie zum Volke. Sie lebten mitten unter den Eingebohrnen dieses Landes eben so abgesondert, als nachmals von allen andern Völkern der Welt. Sie wurden von dem ersten Augenblicke ihrer Ankunft in Aegypten allgemein als eine unheilige und verworfene Menschenrace angesehen, und die Aegypter, sind Moses eigene Worte, * durften nicht Brod essen mit den Hebräern, denn es war

---

* 1.B. Moses 43. K. 32. B. nach Luthers Uebers.

Greuel vor ihnen. Unstreitig waren die Verachtung und der Haß, unter deren Drucke die Hebräer zu einer Nation heranwuchsen, nicht nur Folge, sondern auch Mitursache von jener Unmenschlichkeit ihres geist= und herzlosen Charakters, worüber die heilige Schrift mit der profanen Geschichte so vollkommen einig ist, und wovon man, zur Ehre der Menschheit, bey keinem andern Volke ein Beyspiel aufzuweisen hat. Sie wurden aus kanaanitischen Viehhirten ägyptische Sklaven, und von ihren Gebietern weit schlimmer als je die Iloten von den Spartanern behandelt. Wenn es wahr wäre, was ihnen die heidnischen Schriftsteller vorgeworfen haben, daß sich die Aegyptier genöthiget gesehen hätten, sie ihres ansteckenden Aussatzes, und ihrer Räubereyen wegen aus dem Lande zu jagen; so würde es den Aegyptiern wenig Ehre gemacht haben, daß sie ihre Knechte wegen der nothwendigen Folgen ihrer eigenen Grausamkeit so hart bestrafen mußten.

Dieser alte ägyptische Haß hat auf die spätern Schriftsteller, so wohl dieser Nation, als auch aller übrigen der Welt fortgeerbt. Allerdings ist die sonderbare Uebereinstimmung der heidnischen Geschichtschreiber über den Umstand der Vertreibung des Hebräer aus Aegypten eine Folge davon.

Der Aegyptier, Manetho erzählt beym Jose=
phus:* „Der König Amenophis wäre ein=
„mal auf den Einfall gerathen, die Götter
„sehen zu wollen (vielleicht sich in den My=
„sterien einweihen zu lassen): der Priester aber,
„den er darum angegangen, habe ihm geantwor=
„tet: daß sich ihm die Götter unter keiner an=
„dern Bedingung zeigen würden, als wenn er
„alle Aussätzige aus seinem Gebiete vertriebe.
„Man brachte über 80000 solcher Unglücklichen
„zusammen, und verbannte sie in eine Gegend
„zunächst dem östlichen Kanale des Nilstroms,
„wo sie zur Arbeit in den Steinbrüchen angehal=
„ten wurden. Einige Zeit darauf erlaubte man
„ihnen sich in Abaris niederzulassen. Allein
„kaum hatten sie daselbst festen Fuß gefaßt, als
„sie sich gegen ihren Landesherrn empörten, und
„unter der Anführung eines gewissen Osarsiphs,
„eines Priesters von Heliopolis, der den
„ägyptischen Mysterien ungetreu wurde,
„und den Namen Moses annahm, unerhörte
„Grausamkeiten ausübten.“ Beym Lysima=
chus ** kömmt die Geschichte mit folgenden
Umständen vor: „Unter der Regierung des Bo=
„choris hätte der Aussatz der Juden bereits an=

---

* Iosephus in Apionem L. I.

** Loco citato.

„gefangen, auch die Aegyptier anzustecken. Der
„König befragte hierüber das Orakel des Jupiter
„Ammons, und ließ auf Einrathen desselben
„alle Aussätzigen ins Meer werfen, die übrigen
„Juden aber in die arabische Wüste führen, da-
„mit sie daselbst vom Hunger aufgerieben wür-
„den. Hier hielten die Elenden unter sich Rath,
„ein gewisser Moses stellte sich an ihre Spitze,
„und nachdem er sie lange Zeit in der Wüste irre
„geführt hatte, brachte er sie endlich in ein be-
„wohntes Land, wo sie den Einwohnern aufs
„unmenschlichste begegneten, die Tempel plün-
„derten, und eine Stadt bauten, welcher sie den
„Namen Jerosul oder die heilige Beute
„gaben, den sie nachmals, um ihre Schande zu
„verbergen, in Jerusalem umänderten.“ Tacitus 4) drückt sich hierüber mit folgenden Worten aus: „Die meisten Schriftsteller sind unter
„einander einstimmig, es wäre in Aegypten eine
„unreine ansteckende Krankheit ausgebrochen, der
„König Ochoris habe bey dem Orakel des Ham-

---

* Plurimi auctores consentiunt, orta per Aegy-
ptum tabe, quae corpora foedaret, regem Ocho-
rim addito Hammonis oraculo remedium peten-
tem, purgare regnum, et id genus hominum,
ut invisum Diis, alias in terras avehere iussum.
Tacitus L. 3. Hist. in initio.

„mons Hülfe begehrt, und den Befehl erhal-
„ten, sein Gebiet zu reinigen, und diese mit
„dem Hasse der Götter belastete Gattung von
„Menschen in andere Länder bringen zu lassen.“
Die Berichte des Cheremon, * des Diodor
von Sicilien aus dem Hekateus, ** des
Strabo, *** des Hephästion und Hella-
dius **** sind alle ähnlichen Inhalts. Nächst
diesen gehässigen Nachrichten der heidnischen Geschichtschreiber mögen auch wohl die vielen und
ausserordentlichen Anstalten, welche man in der
Gesetzgebung der Hebräer gegen den Aussatz getroffen findet, die Unzufriedenheit der Israeliten
über ihre Rettung aus Aegypten, und die unge-
stüme Sehnsucht nach diesem Lande, die sie mitten im Genusse der Wohlthaten Jehovahs auf
ihrer Reise und in der Wüste so oft äusserten,
nicht wenig beygetragen haben, auch manchen
Christlichen Schriftsteller in der Meinung zu
bestärken, dieß Volk habe nichts weniger als freywillig Aegypten verlassen, und würde es dem
Moses weit eher Dank gewußt haben, wenn

---

* Apud Iosephum I. C.

** Apud Photium.

*** Strabo L. 16.

**** S. Histoire de l'Academie royale des Insc. et
B. L. T. 14.

er ihm lieber zum Wohlleben in diesem
Lande, als zum Auszuge aus demselben ge-
holfen hätte.

Der gegenseitige Abscheu zwischen den Aegyptiern und Israeliten mochte indessen noch so weit
gegangen seyn, so konnte er doch nicht hindern,
daß nicht die Letztern sehr vieles von den Sitten,
den Gewohnheiten und der Denkungsart eines
Landes annahmen, wo sie und ihre Väter durch
mehrere Generationen hinauf gebohren und erzo-
gen waren, und dessen Gesetzen sie vier Jahrhunderte hindurch nachzuleben gezwungen waren.
Wer weiß es nicht aus seiner Bibel, wie viel es
Zeit und Mühe kostete, bis sie sich nur ihre gröb-
sten ägyptischen Unarten abgewöhnten? Die
Götzen und Fleischtöpfe dieses Landes erhielten sich viele Jahre hindurch in beliebtem Andenken bey ihnen, und ihre häufigen Versuche,
zu beyden wieder zurück zu kehren, sind unzwey-
deutige Beweise einer alten zur Natur geworde-
nen Gewohnheit. Mit einem Worte! bey den
aus Aegypten gekommenen Hebräern war alles
ägyptisch, von den goldenen und silber-
nen Geschirren, die sie heimlich mit auf
den Weg nahmen — bis zur Weisheit ihres Führers und Gesetzgebers.

Wir haben an dem heiligen Stephanus in der Apostelgeschichte einen unverwerflichen Zeugen, daß Moses in aller Weisheit der Aegyptier unterrichtet war, und Philo * erklärt sich noch deutlicher hierüber, indem er versichert, „Moses sey von den ägyptischen Priestern in der Philosophie der Symbolen und Hieroglyphen, wie auch in den Geheimnissen der heiligen Thiere eingeweihet worden.“ Dieses von Kirchenvätern und andern Schriftstellern bestätigte Zeugniß, und der Umstand, daß Moses von der Tochter des damaligen Pharao an Kindesstatt ** angenommen wurde, und folglich alle Vorrechte eines Aegyptiers vom höchsten Range zu genießen haben mußte, könnten uns an seiner Einweihung in den Mysterien des Landes keinen Augenblick zweifeln lassen, wenn wir auch die vielen Merk-

* Philosophiam, quae per symbola traditur, quam litteris, quas vocant sacris, describunt, et eam, quae per receptionem animalium, quae et divinis honoribus venerantur. L. I. de Vita Mosis.

** Und da das Kind groß war, brachte sie es der Tochter Pharao, und es ward ihr Sohn. 2. Buch Mose 2. Kap. 10. V.

male dieser Einweihung, die in seinen Schicksa-
len, seinen Schriften, und vorzüglich an der
Grundlage seiner Gesetzgebung so auffallend sichtbar sind, bloß zufälligen Aehnlichkeiten zuschrei-
ben wollten.

Wenn man dieser Art von Aehnlichkeiten jenes
Gewicht einräumen könnte und wollte, das ihnen
von gewissen engländischen Philosophen beygelegt
wurde: so würde Moses noch mehr als ein Eingeweihter der Mysterien; er würde, wenigstens so wie er mitten unter seinen Thaten und
Wunderwerken erscheint, so gar einer der vornehmsten Gegenstände jener Mysterien, und
seine Geschichte ein Fragment der Traditionen
seyn, aus welchen die ägyptische Geheimlehre bestanden haben soll. Wirklich hat es
beym ersten Anblicke für ein durch die Offenbarung nicht genug erleuchtetes Auge das Ansehen,
als ob die biblischen Erzählungen von der Person
und den Begebenheiten des Moses eine Sammlung der zerstreuten Nachrichten wären, die wir
von der mystischen Person des Osiris, oder des
ägyptischen Bacchus in den übriggeblie-
benen historischen und mythologischen Fragmenten
des Alterthums antreffen. Dieser Osiris, der,
so wie er in den orphischen Hymnen als

Moses, bey Auson * als Mysi, und bey
Artapan ** als Musäus vorkommt, sogar
dem Namen nach von unserm Moses oder
Moyses nicht sehr verschieden scheint — wurde bekanntermaßen wie der hebräische Anführer in seiner Kindheit gerettet, und ward
in der Folge ebenfalls, wie dieser Wohlthäter,
Gesetzgeber und Fürst seines Volkes. Wie
dieser wurde er des vertraulichen Umgangs mit
einer Gottheit gewürdiget, und zog mit einem
beynahe gleich zahlreichen Heer durch das rothe
Meer mit trocknem Fuße. Auch ihm wird eine
wunderthätige Ruthe beygeleget, mit der er die
Flüsse Orontes und Hidaspes vor seinem
Volke zu weichen zwang, und die er nach seinem
Belieben in eine Schlange verwandeln konnte.
Endlich zum Ueberflusse fehlte ihm nicht einmal
das goldene Horn, oder die Strahlen an dem
Vorhaupte, mit welchen Moses von Sina

---

* Ogygia me Bacchum vocat,
  OSIRIN Aegyptus putat;
  MYSI Phanacen nominat;
  Dionysin Indi existimant;
  Romana sacra Liberum,
  Arabica gens Adoneum
  Lucaniacus PANTHEVM.
                    Auson. Ep. XXX,

** Apud Eusebium Praep. Evang. Lib. IX. c. 27.

zurückkam. * Selbſt die noch ganz ägyptiſchen
Iſraeliten ſcheinen ihn mit dem Oſiris ver-
wechſelt, oder doch für deſſen Stellvertreter unter ihnen angeſehen zu haben; da ſie ſeine für
verlohren gehaltene Perſon durch nichts gering-
res als einen goldenen Apis, dem Sinn-
bilde des Oſiris, erſetzen zu müſſen glaubten.** — Jener Tiſchgenoß des Plutarchs ***
der ſich zu erweiſen erboth, daß der Gott der
Hebräer und der Bacchus der Aegyptier eine und eben dieſelbe Perſon wären,
hat ohne Zweifel nach Gewohnheit der Heiden
den Geſetzgeber der Hebräer für den
Gott dieſes Volks angeſehen. —

Allein was iſt alle Scheinbarkeit dieſer Vermuthungen gegen die Erweislichkeit der Thatſa-
che, daß die Hebräer einen Geſetzgeber hatten,
der ſeine Weisheit aus der Quelle der ägyptiſchen Myſterien geſchöpft hat? Ich glaube
der Achtung, die ich der Wahrheit ſowohl als

---

* Parce Liber! parce gravi metuende *Thyrſo* —
  Tu flectis *amnes*, tu *mare barbarum!* —
  Te vidit inſons Cerberus *aureo*
  Cornu decorum!

                                    Horatius.

** 4. B. Moſ. 32. K. 1. u. f. B. V.

*** Plutarchus in Sympoſ. Quaeſt. 5.

dem mosaischen Gottesdienste schuldig bin, kei=
nesweges zu nahe zu treten, wenn ich es wage,
diesen Gottesdienst in seinen wesentlichen
Bestandtheilen eine getreue Kopie der
geheimen Religion der Aegyptier zu
nennen, und zu behaupten, daß es der Gesetz=
geber der Hebräer allem Ansehen nach darauf an=
gelegt habe, sein ganzes Volk, so weit
es anging, in den ägyptischen Mys=
sterien einzuweihen. Bey den Bewei=
sen, die ich hierüber zu führen habe, kommt es
hauptsächlich auf folgende zween Punkte an:
Erstens, daß der Gesetzgeber den Gegen=
stand, oder welches eins ist, die Geheim=
lehre der Mysterien, nicht nur zur Grund=
lage, sondern auch zur öffentlichen Grund=
lehre der hebräischen Religion gemacht; und
zweytens, daß er die vornahmsten Ce=
remonien und Hieroglyphen seines neu=
en Gottesdienstes jenen Mysterien abgeborgt,
und mit so wenig Veränderungen, als zu seinem
Zwecke nothwendig waren, beybehalten habe.
Ich hoffe diese beyden Hauptsätze in den nächsten
Abschnitten zur höchsten Wahrscheinlichkeit zu
bringen.

Ich weiß, meine Brüder, daß man gegen=
wärtig noch lange nicht von den Grundsätzen je=

ner Theologie, bey der sich die Sakrifi-
kuli aller Religionen so wohl befunden haben,
zurückgekommen sey, und daß man folglich noch
nicht sehr allgemein aufgehört habe, den Urheber der Gnade dem Urheber der Na-
tur entgegenzusetzen, und Gott in der einen
Eigenschaft die Werke, die er in der andern gethan hat, bald vernichten, bald verbessern zu
lassen. Wer also mit dem Urheber der Natur nicht zufrieden seyn sollte, wenn dieser in
seinem ewigen alle Weltbegebenheiten umfassen-
den Plane veranstaltet hätte, daß die ägyptischen Mysterien der hebräischen Religion ihr Daseyn und ihre Form geben sollten;
wer, sage ich, durchaus darauf bestehen zu müssen glaubte, daß der Urheber der Gnade
den ganzen mosaischen Gottesdienst bis auf seine
geringfügigsten Ceremonien unmittelbar, und
mündlich (vivae vocis oraculo) seinem Volke
geoffenbaret habe; der bedenke, daß sich sein
Glaube mit unsrer auf Thatsachen gegründeten
Ueberzeugung sehr natürlich vereinigen lasse, und
daß er im Gegentheile die Willkühr des Ur-
hebers der Gnade offenbar zu sehr einschränken würde, wenn er ihr das Vermögen
absprechen wollte, Wahrheiten und Formalitä-
ten, die schon in den Mysterien der Aegyptier eingeführet waren, seinem auserwähl-

ten Volke zu offenbaren und vorzuschreiben.
Ich frage ihn übrigens, ob es einen mehr auf-
fallenden Beweis geben könne, daß man den
Vorzug, den die Bibel an so vielen Stellen den
Juden vor allen übrigen Völkern der
Welt einräumt, in seinem ganzen Umfange an-
erkenne, als wenn man mit uns annimmt, daß
diese ganze Nation aus lauter Eingeweihten bestanden habe, daß die geheime
Religion der Weisen bey ihr gemeine
Volksreligion gewesen sey; und daß die
Wahrheiten, die man fast in der ganzen übrigen
Welt nur den besten und edelsten Menschen anzuvertrauen gewohnt war, der gemeinste Besitz
des dümmsten und bösartigsten Pöbels wurde,
der uns aus der ältern und neuern Geschichte bekannt ist?

Zweyter Abschnitt.

Von dem Gegenstande der kleineren Mysterien der Hebräer.

Ich nehme aus Warburtons * berühmtem Werke über die göttliche Sendung Mosis und vielen maurerischen Abhandlungen als vollkommen erwiesen an, daß der höchste Gegenstand der alten Mysterien in ihrem blühenden Zustande oder die Geheimnisse der ΕΠΟΠΤΕΙΑ erstens in der Lehre von der Einheit Gottes, zweytens in einer historisch-philosophischen Widerlegung der Irrthümer in der gemeinen Volksreligion, oder der Vielgötterey bestanden habe. Mit einer noch größeren Sicherheit vor allem Widerspruch kann ich voraussetzen, daß diese beyden geheimen Gegenstände der Mysterien zugleich die Grundlehren der neuen mosaischen Religion waren. Diese innere und wesentliche Verwandschaft des Hebraismus mit den Mysterien ist so einleuchtend, daß sie so wenig als

* The divine legation of Moses demonstrated Vol. I, Book II. Sect. IV.

ein Axiom bewiesen werden kann. Die Bemerkung und das Geständniß derselben ist so alt und
so rechtgläubig, daß unter andern ein Jude und
ein Christ, beyde von der Classe der Orthodoxen, vor mehr als tausend Jahren kein Bedenken trugen, in ihren zum Vortheile ihrer Religion geschriebenen Werken diese Verwandschaft
nicht nur öffentlich anzuerkennen, sondern auch
als einen besondern Vorzug des Juden-
thums anzuführen.

Der erste ist der Geschichtschreiber Josephus. * Er vertheidiget die Religions- und
Staatsverfassung seines Volkes gegen seinen Geg-
ner Apion. „Wo ist nun,“ fragt er denselben,
„wo ist nun ein Volk in der Welt, dessen ge-
„sammter Pöbel durch die besondere Sorgfalt sei-
„ner Priester, so genau in den Grundsätzen der
„wahren Gottesfurcht unterwiesen wäre, daß der
„ganze Staatskörper das Ansehen einer großen
„Versammlung hat, die unaufhörlich zur
„Feyer heiliger Mysterien unterhalten
„wird. Denn wir besitzen mit einer Einsicht,
„die jeden Irrthum ausschließt, genießen und
„beschauen während unseres ganzen
„Lebens eben dieselben Dinge, wel-

---

* Iosephus L. 2. contra Apionem C. 32.

„che den Heiden nur einige Tage hin=
„durch, das heißt, während der Fey=
„erlichkeiten, die bey ihnen Myſte=
„rien und Initiationen heiſſen, zu=
„gänglich ſind. — Wenn du uns, nun um=
„die Beſchaffenheit der Dinge fragſt, die durch
„unſere heiligen Religionsgeſetze gebothen und ver=
„bothen ſind, ſo ſage ich dir: ſie ſind ſehr ein=
„fach und begreiflich. Der erſte Unterricht
„betrifft die Gottheit, und lehrt, daß
„Gott alle Dinge enthält, ein durch=
„aus vollkommenes und ſeliges We=
„ſen, und die einzige Urſache alles
„Daſeyns iſt.“ Warburton ſagt über
dieſe Stelle, und ich bitte Sie, meine Brüder!
wohl zu bemerken, daß er es in ſeinem Bewei=
ſe der göttlichen Sendung Moſis ſagt:
„Nichts kann deutlicher ſeyn, als das Zeugniß
„dieſes gelehrten Juden. Er macht nicht nur
„eine bloße Anſpielung auf die größern My=
„ſterien, durch die ausdrücklichen Worte τέ-
„λετης und μιϛηρια, ſondern bedient ſich meh=
„rerer Ausdrücke aus der Sprache der Hie=
„rophanten und unter andern des:* Gott
„enthält alles, welches eine von den cha=
„rakteriſtiſchen Bezeichnungen des De=
„miurgen in den Myſterien war.“

* ό Θεòς ιϛε τα παντα· Warburton l. c.

Eben diesem Warburton, der übrigens
gerade das Gegentheil meiner Meinung behauptet, habe ich die Stelle des alten Kirchenva-
ters zu danken, dessen ich vorhin erwähnte.
Er heißt Eusebius, und sagt in seinem berühmten Werke von der evangelischen Vorbe-
reitung * unter andern: „daß die Hebräer
„unter allen alten Völkern das einzige Volk
„wären, welches den Schöpfer des Weltalles
„zum Gegenstand seines öffentlichen und na-
„tionalen Gottesdienstes gehabt hätte.“
Er bedient sich bey dieser Behauptung durchaus
der Sprache der Mystagogen. „Dem
„hebräischen Volke allein“ sind seine
Worte, „war die Ehre aufbehalten,
„in der Erkenntniß des Schöpfers
„aller Dinge eingeweihet zu seyn.“
Die Worte ἐποπτεια (das Anschauen der
Geheimnisse) Θεωρια (die Betrachtung
derselben) und Δημιεργος (der Schöpfer
als ihr Gegenstand) die im griechischen Texte
vorkommen, sind offenbar Ausdrücke, die eigentlich nur in den größeren Mysterien gebraucht wurden.

Die Israeliten hatten ihre Erkenntniß eines
einzigen Gottes keinesweges auf dem ge-

* Eusebius Praeparatione Evang. L. 1. c. 9.

wöhnlichen Wege der Entwickelung
ihrer Geisteskräfte, und durch den Fort=
schritt ihrer Kenntnisse erlangt; sie hatten dieselbe
dem Moses allein zu danken. Ihre Reli=
gion in Aegypten war die Volksreligion des Lan=
des —— Vielgötterey. Bey einem Volke,
wo sie ihren politischen Rang als Sklaven um
eine ganze Classe tiefer unter dem niedrigsten Pö=
bel einnahmen, konnten sich ihre religiösen
und moralischen Begriffe unmöglich über
den gewöhnlichen Gesichtskreis des Pöbels erhe=
ben. Sie hatten nach einem so langen Aufent=
halte keine Spur von ihren kanaanitischen
und chaldäischen Sitten an sich behalten,
und dafür so ganz die ägyptischen angenom=
men, daß man, wie sich Eusebius * aus=
drückt, zwischen der Lebensart der
beyden Völker gar keinen Unterschied
mehr entdecken konnte. Ihre Anhäng=
lichkeit an dem ägyptischen Götzendienst ist eine
Thatsache, die durch das unverdächtige Zeugniß
der heiligen Schrift an mehr als einer
Stelle bestätiget wird. „Lasset fahren“ sagt
ihnen Jehovah bey Josua 24. Kap. 14. V.
„die Götter, denen eure Väter gedient haben,

---

* Sic Aegypti mores ac ritus induerunt, ut nihil
   inter utriusque populi vitae genus discriminis
   esse videretur.

„jenſeits der Waſſer und in Aegypten, und
„dienet dem Herrn.‟　Die Sitten unſrer Zeit
erlauben mir nicht, die derben Vorwürfe hierher
zu ſetzen, die ihnen der heilige Geiſt durch
den Mund des Ezechiel* gemacht hat.
Wer indeſſen nicht vollſtändig überzeugt iſt, daß
die Iſraeliten entſchiedene Götzendiener in Aegypten waren, der mag das 23. Kapitel des
erwähnten Propheten nachleſen.

Doch wer kann daran zweifeln, daß ſie es in
Aegypten geweſen, da ſie es ſo gar nach ihrem
Auszuge aus dieſem Lande, und nach dem Bunde, den Jehovah mit ihnen geſchloſſen hat, geblieben ſind? Vergebens waren alle die großen
und häufigen Wunder, die Jehovah ihret-
wegen und vor ihren Augen gethan hat, und
die man kaum ohne Entſetzen in der Bibel
leſen kann, die Zeichen, die er zu ihrer Befreyung in Aegypten, zu ihrer Sicherheit auf
ihrer Reiſe, und zu ihrer Erhaltung in den
arabiſchen Wüſten geſchehen ließ. Vergebens
waren die natürlichen Züchtigungen

---

* Etwas zur Probe: Fornicatae ſunt in Aegypto
(Iſrael et Iuda) in adoleſcentia ſua, ſcortatae
ſunt, ibi preſſa ſunt ubera eorum — cum
mammae tuae ab Aegyptiis ſubigerentur. V.
8-21. der Vulgata.

durch das Schwert der Leviten, und die
übernatürlichen durch Feuer und Schlangen,
Züchtigungen, die so vielen Tausenden aus ihnen
das Leben kosteten;   die Israeliten blieben noch
immer die alten Götzendiener.   Vergebens war
das noch so frische Andenken an die harte Dienstbarkeit, aus der sie so eben gerettet wurden; Vergebens die Aussicht auf das gesegnete Land, das ihnen verheissen wurde, Vergebens ihr feyerlicher
Bund mit Jehovah. *

„An dem Tage, da ich meine Hand erhob‟ spricht
Jehovah, „daß ich sie führte aus Aegyptenland,
„in ein Land, das ich Ihnen versehen hatte, das mit
„Milch und Honig fleußt, ein edel Land für
„allen Ländern, und sprach zu ihnen: Ein
„jeglicher werfe weg die Greuel vor seinen Augen,
„und verunreinigt euch nicht an den Götzen Ae-
„gypti; denn ich bin der Herr euer Gott. Sie
„aber waren mir ungehorsam, und warf ihrer
„keiner weg die Greuel vor seinen Augen, und
„verließen die Götzen Aegypti nicht.‟ „Wo im-
„mer,‟ gesteht Rabbi Jehudah, „die Kin-
„der Israel sich in der Wüste niederließen, mach-

---

* Ezechiel 20. K. 6. 7. 8. V. nach Luthers Uebersetzung.

„ten sie sich Gözenbilder." * Und wenn auch dieser Rabbi wenig aufrichtig gewesen wäre, so würde eine sehr deutliche Stelle aus dem Propheten Amos ** genug seyn, um uns mit der Religion bekannt zu machen, welcher die Israeliten die vierzig Jahre in der Wüste hindurch zugethan waren. Gott spricht durch diesen Propheten: „Habt ihr vom Hause Israel „mir in der Wüste 40 Jahre lang Schlachtopfer „und Speisopfer geopfert? Ihr trugt daselbst „den Sichuth euren König, Chium euer Bild, „den Stern eurer Götter, welche ihr euch selbst „gemacht habt." ——

Indessen nun die Israeliten mit dem ägyptischen Pöbel ohne Unterschied, den Molech oder die Sonne, den Chium oder den Saturn, die Sphinxe oder Theraphim, den Osiris und seinen Stier anbethen, war ihnen der Gott, der sie zu seinem Volke gemacht hatte, so unbekannt, daß Moses selbst zweifelte, ob sie ihn sogar auch unter der Benennung des Gottes ihrer Väter erkennen würden, und geradezu eingesteht, daß

* Ubicunque confederant Israelitae in deserto, ibi confecerant idola.   In Pirk. Eliez. C. 47.

** Amos 5. K. 25 — 26. V.

sie den Jehovah nicht einmal dem Namen nach kannten. * Ihre gedankenlosen Köpfe fanden so viele Schwierigkeit, die Idee eines einzigen Gottes aufzufassen und fest zu halten, daß sie dieselbe bey der geringsten Veranlassung wieder fallen ließen, und selbst ihre erstaunungswürdige Befreyung aus Aegypten den Göttern dieses Landes durch ein Freudenfest danken zu müssen glaubten. **

Bey aller Bereitwilligkeit dieses abergläubigen Volkes, die Gegenstände seiner Andacht zu vervielfältigen, würde Moses noch weit mehr Mühe gefunden haben, für seinen Jehovah bey seinen Landsleuten Eingang zu finden, wenn er ihn nicht unter dem Namen des Gottes ihrer Väter angekündiget hätte. Bey dieser Benennung kam ihm der allgemein angenommene Volksglauben jener Zeiten zu statten, vermöge dessen jedes Volk seinen besondern Schutzgott haben mußte; und man konnte von dem Stolze der Israeliten nichts anders erwarten, als daß sie nicht schlechter seyn wollten als andere Völker, die ihre Osiris, Chamos, Melkoms, Baals, und Astaroths u. s. w.

* 2. B. Mosis 5. K. 13. V.

** 2. B. Mosis 32. K. 4. V.

hatten. Es war dieser Volksglauben, wie
Warburton versichert, zuerst in Aegypten
entstanden, und gründete sich auf die ägyptische
Lehre, daß die Erde nach ihrer Schöpfung von
dem Demiurgen unter mehrere Gottheiten
von geringerem Range, oder vielmehr Schutz-
geister vertheilet, und der Aufsicht derselben anvertrauet wurde. Moses selbst war dieser
Meinung zugethan; wie es seine folgende Worte * deutlich genug beweisen. „Da der Aller-
„höchste den Nationen ihre Erbschaft austheilte,
„da er die Kinder Adams von einander ab-
„sonderte, da setzte er die Gränzen der Völker
„nach der Zahl der Engel des Herrn.
„Des Herrn (zugefallener) Antheil war sein
„Volk; Israel das Loos seiner Erbschaft.‟

Unter dieser Eigenschaft eines besonde-
ren Schutzgeistes ihrer Nation mußte
ihnen die neue Gottheit sehr willkommen
seyn. Sie waren vielleicht nie mehr aufgelegt,
einen Gott Abrahams, Isaaks und
Jakobs anzuerkennen, als eben dazumal, da

* 5. B. Mosis 32. K. 8 — 9. B. Nach den 70 Doll-
metschern. In der Vulgata sowohl als in Luthers Uebersetzung heißt es: Nach der Zahl
der Kinder Israel — und hat schlechterdings keinen Sinn.

ihre Bedrängnisse aufs höchste gestiegen waren,
und ihnen das Joch ihrer Tyrannen unerträglich
wurde.   Allein dadurch, daß sie diesen Gott zu
ihrem Beschützer annahmen,   hatten sie noch
lange nicht den übrigen Göttern entsagt.   So oft
sie in ein neues Land kamen,   geriethen sie in
Versuchung, dem Schutzgotte desselben zu huldigen.

Moses hatte indessen so viel dabey gewonnen,
daß er dem neuen,   bisher   unbekannten
Schutzgotte,   die Namen und Eigenschaften des Weltschöpfers, die er in
den Mysterien kennen gelernt hatte, beylegen
konnte.   Nach den damaligen religiösen Begriffen
mußte jede Gottheit einen Namen haben, der entweder ihre Natur, oder ihre Beschäftigung bezeichnete; und dieß galt vor allen von den Schutzgeistern
der Städte, Länder und Nationen.   Moses
wußte also, daß ihn die Israeliten um den Namen des Gottes ihrer Väter, den er
ihnen ankündigte, fragen würden.*   „Siehe!“
sind seine eigenen Worte,   „wenn ich zu den
„Kindern Israel komme, und spreche: der Gott
„eurer Väter hat mich zu euch gesandt! und
„sie mir sagen werden: Wie heißt sein
„Name?“ —

* 2. B. Mosis 3. K. 13. B.

Und nun, meine Brüder! bitte ich Sie, den wichtigen Umstand wohl zu beobachten, daß der Name, den ihnen Moses auf diese Frage beybrachte, nicht nur den damals lebenden Israeliten, sondern auch ihren Vorältern, und selbst den Patriarchen Abraham, Isaak und Jakob gänzlich unbekannt war. Diese Thatsache erfahren wir von Gott selbst, der ausdrücklich zu Moses sagte: * „Ich bin erschienen Abraham, Isaak und Jakob unter dem Namen des „Allmächtigen, aber mein Name Jehovah „ist ihnen nicht geoffenbaret worden.“ — Die Israeliten hatten also keineswegs den Namen Jehovah mit sich nach Aegypten gebracht; sondern sie haben ihn zuerst kurz vor ihrer Abreise aus diesem Lande gehört, und Moses war der erste, der sie mit demselben bekannt machte.

„Der heiligste Name bey den Aegyptiern“ schreibt Voltaire in seinem Versuche über die Sitten und die Denkarten der Nationen, „war eben derselbe, den die Hebräer nachmals in ihre Sprache aufnahmen, „nämlich J—ha—ho,“ oder wie er ihn nach dem Klemens von Alexandrien an andern Stellen schreibt: J—a—o. „Man

* 2. B. Mosis 3. K. 6. V.

D 2

„sprach dieses Wort auf verschiedene Arten aus,
„und der ebengenannte Klemens versichert in sei-
„nen Stromaten, daß keiner den Tempel des
„Serapis betreten durfte, der nicht den Namen
„J—ha—ho, oder Jao, welcher den ewi-
„gen Gott bezeichnet, an seiner Brust oder
„Stirne trug. Wenn wir bedenken, wie sehr
„sich die Aussprache eines Wortes während eines
„Zeitraums von Jahrtausenden verändern müsse,
„so dürfte uns wohl die Verschiedenheit der Wor-
„te J—ha—ho, und Jehovah bey der übri-
„gen Aehnlichkeit ihrer Konstruktion und Bedeu-
„tung eben nicht abhalten, sie für ursprünglich
„ein und ebendasselbe Gedankenzeichen anzusehen.“
Allein immer mag diese voltairische Bemerkung nichts weiter als ein Wink seyn, den ich
gerne der Prüfung einsichtsvoller Brüder über-
lasse. Ich glaube stärkere Gründe für den mystischen Ursprung dieses Namens zu haben.

Jehovah heißt seiner hebräischen Etymologie
nach so viel als: der da ist, und bedeutet das
Daseyn von sich selbst, das sogenannte
Wesen der Gottheit, das Attribut, aus
dem sich alle übrigen herleiten lassen, die erha-
benste aller göttlichen Eigenschaften, die man in
den größeren Mysterien den Epopten
enthüllte. In dem Hymnus, der ihnen von

dem obersten Hierophanten vorgesungen
wurde, und dessen Authenticität Warburton
bis auf einen beträchtlichen Grad von Wahrscheinlichkeit gebracht hat,* ist dieß der erste Aufschluß, der über die Natur der Gottheit
gegeben wird: Er ist einzig und von ihm
selbst, und diesem Einzigen sind alle
Dinge ihr Daseyn schuldig. —

Die vielbedeutenden Worte also: Ich bin,
der ich bin, der ist,** die Gott an der
Stelle seines Namens von sich gebraucht
wissen wollte, waren für den Epopten der
Mysterien kein Geheimniß. Es ist vielmehr höchst wahrscheinlich, daß sie der gewöhnliche Ausdruck waren, mit dem man in dem
Heiligthume die Gottheit, für die man sonst
keinen Namen hatte, bezeichnete. Es war
dieses eine Auszeichnung, wodurch die ägyptischen Weisen den Demiurgen von
dem Trosse der gemeinen Götter unterscheiden
zu müssen glaubten, daß sie ihm keinen Namen
beylegten, weil ihnen der Name eines Gottes

---

* Warburton am angef. O. Der Hymnus ist vom
  Klemens von Alex. Admon. ad Gentes und vom
  Eusebius Praep. Evang. L. 13. aufbehalten wor-
  den.

** 2. B. Mosis 3. K. 14. V.

gewissermaßen Vielheit der Götter vors
auszusetzen schien, wie dieses unter andern aus einer
Stelle des Trismegistus erhellet, die vom
Laktantius angeführt wird.*

Wem aus uns, meine Brüder! sind endlich
die alten ägyptischen Inschriften unbekannt; die eine auf der Pyramide zu Sais:
Ich bin alles, was ist, war und seyn
wird, meinen Schleyer hat kein Sterb-
licher aufgehoben; und jene unter der
Bildsäule der Isis: Ich bin, was da ist?
Wer aus uns, meine Brüder! versteht nicht den
Sinn dieser Worte so gut, als ihn vormals der
ägyptische Eingeweihte verstehen mußte,
und weiß nicht, daß damit das wesentliche
Daseyn, die Bedeutung des Wortes Jehovah, beynahe wörtlich ausgedrückt ist?

---

* Hic (Trismegistus) scripsit libros, in quibus
majestatem summi ac singularis Dei asserit, iis-
demque nominibus appellat, quibus nos Deum
et patrem, ac ne quis NOMEN ejus require-
ret, ANONIMON esse dixit, eo quod No-
minis proprietate non egeat, ob ipsam scilicet
UNITATEM   Ipsius verba sunt: Deo
igitur *Nomen non est, quia solus est:* nec opus
est proprio vocabulo nisi cum discrimen exigit
MULTITUDO, ut unamquamque personam
sua nota et appellatione designes. Lactantius
Div. Inst. L. 1. C. 6.

Die Gegend um den Berg Sina war der Ort, wo die feyerliche Einweihung der Israeliten zum Volke Gottes vor sich ging, nachdem sie die schweren Prüfungen ihrer langwierigen und gefährlichen Reise überstanden hatten. Hier wurden sie befragt, ob sie den neuen Bund des Herrn halten wollten, und da alles Volk geantwortet, und unumschränkten Gehorsam angelobt hatte, wurde ihnen die Offenbarung Jehovahs auf den dritten Tag angekündiget. Nun gingen die Vorbereitungen ihrer Weihe an. Sie mußten ihre Kleider waschen, und sich alles Genusses der sinnlichen Liebe enthalten. Es wurden um den Berg herum, wo sich die Wolke Jehovahs zeigen sollte, Schranken errichtet, denen sich Niemand bey Todesstrafe nähern durfte. „Am dritten Tage endlich,“ sagt der heilige Text: „erhob sich ein Donnern und Bli„tzen, und eine dicke Wolke auf dem Berge, „und ein Ton sehr starker Posaunen. Das ganze „Volk aber, das im Lager war, erschrak.“ Keiner ausser Moses und Aaron durfte dem Herrn näher kommen, damit er ihn nicht zerschmetterte. Hierauf gab sich Gott mit seinem Namen zu erkennen. „Ich „bin Jehovah dein Gott, der dich aus Ae„gypten geführt hat;“ und nun legte er ihnen seine Gesetze vor, die alle, bis auf das von der Sabbathfeyer, Naturgesetze waren, und worunter gleich das erste die Vielgötterey abschaffte, und folglich den zweyten Aufschluß enthielt, der in den Mysterien gegeben wurde: Du sollst keine fremden Götter neben mir haben.* Auch in den Mysterien wurden diese großen Wahrheiten im Namen Gottes selbst vorgetragen, und der Hierophant war dabey mit einem Schmucke bekleidet, der die Attribute des Demiurgen vorstellte, der sich durch ihn dem Einzuweihenden offenbarte.**

Der Charakter der Israeliten, der aus der tiefsten Unwissenheit herumirrenden Wilden, und aus allen Lastern des Pöbels einer kultivirten Nation, wie damals die ägyptische war, auf die sonderbarste Art von der Welt zusammen gesetzt war, macht uns die Frage ganz überflüssig, warum ihnen die übrigen Schätze der ägyptischen Geheimlehre nicht anvertrauet wurden. Wie hätte Moses z. B. die Lehre von der Unsterblichkeit einem Volke zumuthen können, dem er noch kurz vor seinem

* 2. B. Mosis das 19. und 20. Kap.

** Warburton am a. O.

Tode ins Gesicht sagen mußte: *   „Der Herr
„hat euch bis auf den heutigen Tag noch nicht
„gegeben ein Herz, das verständig wäre, Augen,
„die da sehen, und Ohren, die da hören?"
Alle die Jahrhunderte hindurch, die vorüber
gehen mußten, bevor die Einheit Gottes
in den Köpfen ihrer Priester zu einem Verstan-
desbegriffe reiffen konnte, war der Beyfall,
den sie dieser so einfachen Lehre gaben, nichts
weiter als der blinde, durch Feuer und Schwert
erzwungene Glauben.   Moses hätte entweder täglich neue Mirakel wirken, oder die Mis-
sion seiner Leviten, die bey Gelegenheit des goldenen Kalbes 3000 Juden in Stücke zerhauen
mußten, viel öfter wiederholen müssen, als es
ihm auch nur in politischen Rücksichten lieb seyn
konnte, wenn er bey seiner neuen Religion auch
nur das geringste auf den Verstand, und nicht
alles auf die Sinnen dieses Volkes angeleget,
und seinen Gottesdienst nicht vielmehr zur Sache des Körpers, als der Seele gemacht
hätte.   Hier konnte ihm abermal seine ägyptische Weisheit sehr gute Dienste leisten.
Die Aussenseite der Mysterien war mit
Hieroglyphen, Ceremonien und Ritualgesetzen überladen, und vermuthlich lag

* 5. B. Mosis 29. K. 4. V.

schon damals in diesem Umstande der Keim ihres
künftigen Verfalles. Indessen war dieses gerade die
Seite der Mysterien, für welche die Israeliten mehr als genug empfänglich waren. Das,
was den Geist der Mysterien erstickte, war noch
kaum grob genug, um die Geistlosigkeit der
Hebräer zu ersetzen, und mußte noch durch unzäh-
liche Zusätze verstärket werden, um die Sinnlichkeit dieses Volks genug zu beschäftigen.

Dritter Abschnitt.

Von den Hieroglyphen und Ritual-
gesetzen der kleineren Mysterien
der alten Hebräer.

In den Tagen der allgemeinen Gefangenschaft
unsrer Vernunft unter dem Joche des Glaubens
waren unsre Theologen unschlüssig, ob sie die
E n d u r s a c h e n der mosaischen Ritualgesetze in
der W e i s h e i t, oder vielmehr in der W i l l k ü h r
G o t t e s aufsuchen sollten. Das Letztere geschah,
so oft sie bey der Nachforschung dieser Endursachen
von ihrer e i g n e n W e i s h e i t verlassen wurden. Denn leider! ging es nicht bey jeder jüdischen Ceremonie mit gleicher Leichtigkeit an, sie
zu einem weissagenden S i n n b i l d e einer scho-
lastischen Grille, oder einer m ö n c h i s c h e n
G l a u b e n s f o r m e l zu machen. Uebrigens
waren sie vollkommen unter sich einig, daß alle
diese Ceremonien von der Verstümmelung der
Vorhaut bis zur Keuschheitsprobe der Weiber
mit dem bauchanschwellenden Wasser * von Gott
unmittelbar selbst erfunden, und so wie
jede Zeile der ganzen Schrift den Hagio-

* 4. Buch Mosis 5. K. 12—31. V.

graphen in die Feder diktirt worden wären. Wenn man ihnen mit dem Julian *
oder mit dem Grotius ** eingewendet hätte,
daß fast alle gottesdienstlichen Gebräuche der Juden auch bey den Heiden anzutreffen wären,
so würden sie mit dem Pater Fagius geantwortet haben: „Alle Uebereinstimmung dieser
„Gebräuche kam von der List des Teufels
„her, der bekanntlich ein Affe Gottes ist,
„und die meisten ursprünglich hebräischen Cere-
„monien verfälschet, und zu seinem Dienste zu
„gebrauchen gewußt habe. “ ***

Die Vernunft hatte sich kaum einige Felder in
dem unbegränzten Gebiete des blinden Glaubens wieder errungen, als ihr der Anblick der
Priester des Allerhöchsten unter der Beschäftigung der Fleischerknechte, und der in Schlacht-
häuser verwandelten Tempel zum Abscheu wurde.

* Ostendere vellem Iudaeos cum gentibus consen-
  tire, nisi quod illi unum tantum Deum colant.
  Caeteroquin alia nobis cum ipsis communia
  sunt: templa, delubra, altaria, lustrationes etc.
  — de quibus aut plane non aut parum ab ipsis
  discrepamus. Apud Cyrill. Alex. L. 9.

** Nihil in ipsis ritibus erat proprium Iudaeis.
  Grotius in Ep. ad Gal.

*** Fagius Not. in Num. C. 7. v. 89.

Man fing nun an auf die Verſicherung Gottes
aufmerkſam zu werden: *   „daß er weder an
„dem Fleiſche der Stiere, noch an dem Blute
„der Böcke Belieben trage; und daß er den Ju-
„den keine guten Geſetze gegeben habe.“ **
Man glaubte dem heiligen Chryſoſtomus, ***   Gott habe es bloß zugelaſſen,
daß ihm zu Ehren jenes Blut vergoſſen wurde,
welches die Juden, die einmal Blut vergießen
wollten, ſonſt den Götzen geopfert haben würden;
und man behauptete, Gott habe es theils in
Rückſicht auf die Denkart und die Sitten der
damaligen Zeiten, theils aus Mitleiden mit der
Verkehrtheit ſeines Volkes gebilliget, daß bey
der neuen Einrichtung des Gottesdienſtes einige
ägyptiſche Ceremonien beybehalten; —
ja er habe ſogar in Rückſicht auf die Argloſigkeit
anderer ägyptiſcher Gebräuche ausdrücklich veranſtaltet, daß dieſe unter die hebräiſchen Ritualgeſetze aufgenommen würden.   Wie weit ſich nun dieſe Herleitung der

---

* Pſalm. 50. v. 11.

** Dedi eis ſtatuta non bona, ét judicia, per quae
non viverent. Ezech. 20. v. 25.

*** In veteri teſtamento, quoniam Iudaei affecti
erant imperfectius, quem Idolis offerebant ſan-
guinem, ipſe ſuſtinuit accipere. Chryſoſt. Hom.
24. in 1. ad Cor.

hebräischen Ritualgesetze aus der Religionsgeschichte der Heiden und besonders der Aegypter treiben lasse, haben uns abermal ein
Jud und ein Christ, Rabbi Ben = Maimon in seinem Buche More Nevochim,
und Doktor Spencer in seinem überaus
gelehrten Werke: de legibus hebraeorum
ritualibus, gezeiget.

Der Letztere theilt die hebräischen Ritualgesetze in zwey Classen. Die erste davon enthält
diejenigen, die durch die religiösen Gewohnheiten
der Sabäer veranlasset wurden. Sie waren
den Sitten und Gebräuchen dieser profanen Völker entgegengesetzt, und hatten die politische Absicht, die Israeliten von aller Gemeinschaft mit denselben entfernt zu halten. Hieher
gehören auch alle diejenigen Ritualgesetze, die
keinen andern Zweck hatten, als die Israeliten
gegen den Rückfall in die Abgötterey
zu verwahren. Die zweyte Classe begreift
diejenigen, die von dem heidnischen Gottesdienste
gerade zu entlehnet wurden, und zwar
fast alle Hieroglyphen und Ceremonien
der Hebräer, ihre Stiftshütte, die Figur
und die Hörner ihres Altares, ihre Bundeslade sammt den Cherubim, ihren salomonischen Tempel, die Kleidung ihrer

Priester, ihre Urim und Thumim, die
Tonsur und den Orden ihrer Nazarder,
die Heiligung ihrer Erstlinge, ihre Ze-
henden, ihre blutigen und unblutigen
Opfer, mit den darauf folgenden Schmäu-
sen, ihre Sündenböcke, ihre Reinigun-
gen, die Feyer ihrer Neumonde und anderer Feste, ja sogar ihren Sabbath und ihre
Beschneidung selbst. Der heidnische Ursprung aller dieser Dinge wird daselbst mit einer
bewundernswürdigen Gelehrsamkeit aus den un-
verdächtigsten Quellen hergeholet, mit aller nur
möglichen historischen Gewißheit dargethan; und
man wird vollkommen überzeugt, wie sehr der
heilige Chrysostomus berechtiget war, zu
versichern, daß alle jüdischen Ceremonien in dem rohen Heidenthume entstanden wären. * Ich werde mich nur kurz
bey einigen Hauptsachen aufhalten, die der
hebräische Gottesdienst mit den ägyptischen
Mysterien gemein hat, und die mich unter

---

* Ne opineris Deo indignum, quod magi per stel-
lam vocentur: hoc enim modo omnes Iudae-
rum caeremonias, omnesque ritus, et sacrificia,
et purificationes, et Neomenias, et arcam Tem-
plumque ipsum reprobabis. *Haec enim omnia
originem a gentium ruditate traxerunt.* Chry-
sost. Hom. 6. in Matthaeum.

andern veranlasset haben, jenen eine Kopie von
diesen zu nennen.

Klemens von Alexandrien,* dem
wir so manche Nachricht über die alten Mysterien zu danken haben, versichert, daß unter
die übrigen wesentlichen Bedingungen
der Aufnahme in das innere Heiligthum
auch die Beschneidung gehört habe. Wenigstens gilt dieß von den Zeiten des Pythagoras; denn dieser Philosoph sah sich genöthiget, jene unphilosophische Ceremonie mit sich
vornehmen zu lassen, weil er um keinen geringe-
ren Preis seine Wißbegierde hätte befriedigen
können. Nach des Epiphanius Bericht
wäre die Beschneidung anfangs ein ausschlie-
ßendes Vorrecht der Priester und Mystagogen gewesen;** allein damals wenigstens, als
die Hebräer Aegypten verließen, war sie,
nach dem Zeugnisse des Origines,*** nicht nur
eine allgemeine Bedingung, sondern auch
eine vorläufige Ceremonie jeder Einweihung, und bedeutete so wie nachmals bey
den Juden einen Unterschied und Vorzug

* Strom. 1.

** Epiphanius haeresi 30.

*** Homilia 5 in Ieremiam.

vor den unbeſchnittenen Profanen, und
ein näheres Verhältniß mit der Gottheit. Natürlicher Weiſe mußte es zuletzt ſo weit
kommen, daß niemand mehr Profan ſeyn wollte, und ſogar der Pöbel ſich ſeiner Vorhaut zu
ſchämen anfing. Als ſich daher das geſammte
iſraelitiſche Volk bey ſeinem Eintritte ins gelobte
Land dieſer Ceremonie unterworfen hatte, machte
ihm Joſua im Namen Jehovahs folgenden
Glückwunſch: * „Der Herr hat heute die
„Schande Aegyptens von euch hinweg ge-
„nommen.“ Der Umſtand, daß Gott die Be-
ſchneidung ſchon vorlängſt zum Zeichen ſeines Bundes mit Abraham eingeſetzt hat,
macht es keineswegs unwahrſcheinlich, daß dieſer Patriarch bey ſeinem vorhergegangenen
Beſuch in Aegypten dieſen Gebrauch da-
ſelbſt angetroffen habe, und widerlegt keineswegs
die Zeugniſſe Herodots,** Diodors von

---

* Joſua 5. K. 9. V.

** Soli omnium Colchi, Aegyptii et Aethiopes a
principio pudenda circumciderant: Phoenices
autem et Syri, qui Palaeſtinam incolunt (id eſt
Iudaei) ipſi ſe conſuetudinem illam ab Aegyptiis accepiſſe confitentur. Herodot. L. 2. c. 104.

Sicilien,[*] des Celsus,[**] Julia=
nus,[***] und so vieler andern Schriftsteller,
welche einstimmig den Ursprung der Beschnei=
dung aus Aegypten herleiten.

Wir wollen die verschiedenen Arten von Rei=
nigungen, das vielfältige Waschen und Be=
sprengen, die leinenen Kleider der Ein=
zuweihenden, kurz, alle übrigen, dem He=
braismus und den Mysterien gemein=
schaftliche Ceremonien der Kürze auf=
opfern und unsern Blick gerade in das Innere
des beyderseitigen Heiligthums wenden. Auf
der einen Seite kommt uns in der Stiftshüt=
te, und nachmals im Allerheiligsten des
salomonischen Tempels die sogenannte Bundes=
lade, und auf der andern Seite in den Adytis

---

[*] Ideoque gentibus illis ex antiqua traditione in
usu est, ut circumcidant statim a partu pueros
ritu ab Aegyptiis derivato. Diodorus Siculus
L. 1. p. 17. b.

[**] Nec ideo sanctiores sunt caeteris Iudaei, quia
circumciduntur: hoc enim priores fecerunt Colchi et Aegyptii. Ap. Originem.

[***] Iulianus apud Cyrill. Abrahamum praeputii
secandi morem e plurimo cum Aegyptiis com-
mercio didicisse refert. Spencer L. 2. Cap. 4.
sect. 4.

der Mysterien ein ähnlicher Kasten entgegen,
der nach den verschiedenen Epochen der Mysterien verschiedene Namen annimmt, und bald das
heilige Kästchen, bald der Sarg des Apis
(Σορος Απις) heißt. Ob dieser Sarg des
Apis, der übrigens mit dem Serapis der
Aegyptier vollkommen eine und eben dieselbe
Sache ist, einen einbalsamirten Apis*
oder ein Bildniß der Sonne** oder des
mystischen Osiris, oder gewisse andere geheim

---

* Beym Eusebius, der dießfalls den Klemens von
Alexandrien ausgeschrieben hat, heißt es: Nym-
phodorus Amphipolitanus Libro de moribus
Asiae 3. Apim taurum fuisse ait, quem post
mortem sale maceratum, et in ejus daemonis
templo, cujus praecipuus apud eos cultus erat
σορῶ, id est, cistae, vel loculo, conditum Soro-
apim primum, dein Serapim nominarunt.
Kircher Obelisc. Pamph. L. 4. leitet das Wort
Serapis aus dem Koptischen her. Lin-
gua coptica Sor idem est, quod Arca, Pos vero
idem, quod Dominus, so daß Serapis so viel als
ARCA DOMINI hieße.

** Bey Gelegenheit der Stelle Amos 5. K. 2. V.
„Ihr habt das Zelt Molochs eures Königs
„getragen“ zeigt Spencer mit vieler Wahrscheinlichkeit, daß dieses von den ägyptischen
Israeliten in der Wüste herumgetragene Zelt,
ein ägyptischer Heiligthumskasten gewesen

gehaltene Hieroglyphen oder heilige Geräthe enthalten habe, getraue ich mir nicht zu entscheiden. Genug, daß fast alle Nachrichten,
die wir von den Mysterien der Alten übrig haben, von geheimnißvollen Kisten sprechen,
die bey den Feyerlichkeiten eine der wichtigsten
Rollen zu spielen hatten.

Dieß gilt ins besondere von den Zeiten des Verfalles der Mysterien. Nachdem mit dem
vernünftigen Zwecke dieses Institutes auch der
Geist desselben verschwunden war, hatten die
Hierophanten, die den Körper zu ihren Absichten fort erhalten wollten, kein anderes Mittel
übrig, als den Mangel der Geheimnisse,
die man bey ihnen aufsuchte, selbst zum
Geheimnisse zu machen. Der verschlos-
sene Kasten, der vormals das Sinnbild ver-
borgener und für ungeweihte Geistesaugen un-
sichtbarer Wahrheiten gewesen seyn mochte, ver-
barg nun wirklich den Betrug der Hierophanten, und mit demselben gerade jene Wahrheiten, die den Einzuweihenden ihr Geld, ihre
Zeit, und ihre Vernunft gerettet haben würden. Er

wäre; Moloch aber bey den Hebräern die
Sonne bedeutet habe, die nach ihrem ägyptischen Volksglauben der Aufenthalt der Seele
des Königs Osiris (eures Königs) war.

wurde nun eine der vornehmſten Maſchi-
nen in der ganzen Spekulation der heiligen Ge-
heimnißkrämer. Durch ihn wurde die Neugierde
der Betrogenen in einer unaufhörlichen Span-
nung erhalten, ſein Inhalt beſchäftigte die erhitzten Phantaſien mit unzählichen Vermuthungen,
und die Myſtagogen ließen es dabey nicht
an jenen geheimnißvollen Winken fehlen, deren
magiſche Kraft ihre Nachfolger in dieſem Gewerbe
noch heut zu Tage ſo gut zu gebrauchen wiſſen.
Hierher gehören die myſtiſchen Kaſten, in welchen nach des Sineſius* Zeugniſſe die ägyptiſchen Myſtagogen allerhand Sphären
und magiſche Inſtrumente dem Anblicke
ihrer Schüler ſorgfältig entzogen, und worüber
ſich dieſer Schriftſteller folgender Maßen ausdrück-
te: „Wenn ſie der gemeine Mann ſehen ſollte,
„ſo würde er es übel aufnehmen; denn alles,
„was leicht zu verſtehen und zu machen iſt, wird
„von dieſer Menſchenklaſſe verachtet, die immer
„nur Wunder und abergläubiſches Zeug wittert.

* Habent κομαϛήρια quae arcae ſunt, quasdam,
uti ajunt, occultas ſphaeras, quas ſi conſpiceret
vulgus, moleſte ferret; quod enim intellectu
aut paratu facile eſt, deſpicit VULGUS: por-
tentis enim et ſuperſtitione opus habet. Quidni
vero?. vulgus cum ſit! Syneſius in Calvitia En-
comio.

„Warum ſollte ſie aber auch nicht? Dafür iſt ſie Pö-
„bel!‟ Hierher gehört das ägyptiſche Heiligthumskäſtchen, das Apulejus mit Augen
ſah, wie er in ſeinem goldenen Eſel erzählt. *
Hierher gehört auch das bey den Myſterien
der Iſis gewöhnliche Käſtchen, von dem Plutarch ** ſchreibt: „Die Stoliten trugen
„zugleich mit den Prieſtern die heilige Kiſte
„heraus, in welcher wieder ein anderes goldenes
„Käſtchen ſteckte.‟ Hierher gehören endlich alle
die Laden, Kaſten, Käſtchen und Körbe,
die bey dem geheimen Gottesdienſte der
Trojaner, Phönizier, Hetruskker,
Griechen und Römer eingeführet waren, und
worüber Spencer die Zeugniſſe vieler Geſchicht-
ſchreiber, Dichter und Philoſophen des Alterthums
geſammelt, und neben einander geſtellt hat.

Von dem Unterſchiede zwiſchen dieſen
heidniſchen Heiligthumskaſten und der
iſraelitiſchen Bundeslade auch nur ſpre-
chen wollen, wäre ſchon auf eine gewiſſe Art

---

* Ferebatur ab alio *ciſta ſecretorum capax* peni-
tus celans operta magnificae religionis. De Aſino
aureo. L. II.

** Et *ſacram ciſtam* ſtolitae unà cum ſacerdotibus
efferunt, in qua intus eſt *aurea arcula*. Plutarchus de Iſide libro ſingulari.

Entheiligung der Lezteren. — Moſes hatte ſie, nach dem Zeugniſſe der Bibel, auf Gottes mündlichen Befehl, und nach deſſen ausdrücklicher Anweiſung erbauen laſſen. Sie war das Zeichen des Bundes zwiſchen Jehovah und den Hebräern, das Sinnbild ſeiner Gegenwart, der Thron der Theokratie, das Palladium des auserwählten Volkes. Alles dieſes Unterſchiedes unbeſchadet iſt nicht nur von dem heil. Chryſoſtomus, und Rabbi Ben-Maïmon, * ſondern auch von weniger ſcharfſichtigen, und mehr orthodoxen Theologen eine nicht weniger auffallende Aehnlichkeit zwiſchen beyden bemerkt und eingeſtanden worden. „Wenn ich,“ ſagt einer von dieſen Leztern ** „die ganze Sache recht überdenke, ſo finde ich, der Teufel, wie er ein „Affe der Werke und Einrichtungen Gottes iſt, „habe ſeine Lade der Bundeslade ent-

---

* S. Chryſoſt. HomU. 6, in Matth. Maimonides in More Nevochim L. 3. C. 45.

** Ego de re tota ſic exiſtimo: Diabolum, ut fuit operum et inſtitutorum Dei ſimia, ita etiam voluiſſe has *arcas ſuas* opponere *arcas foederis* in populo Dei divinitus fabrefactae. Et quidem in plurium Deaſtrorum ſacris *arca* ſeu *ciſta dominica* uſitata fuit, ut Bacchi, Cereris, Iſidis. Ritterhuſius in Oppian. L. 4.

„gegenſetzen wollen.“ —— Andere Orthodoxen
hingegen, welche der Sache Bewandniß etwas
reifer erwogen zu haben ſcheinen, fanden, daß
ſie dem Teufel durch die eben angeführte Erklärung nicht nur die Vollmacht, die allerheiligſten
Werke Gottes nachzuahmen, ſondern auch das
p r o p h e t i ſ c h e Vermögen,* Gottes Ver-
ordnungen lange vorherzuſehen, und der Aus-
führung derſelben zuvorzukommen, einräumen
würden. Sie ließen alſo den T e u f e l lieber
ganz aus dem Spiele, geſtanden den h e i d n i-
ſ c h e n Urſprung des hebräiſchen H e i l i g-
t h u m s k a ſ t e n, ein, und rechtfertigten den Gebrauch deſſelben mit der oft erwähnten Rückſicht,
die G o t t gegen die Schwachheiten ſeines a u s e r w ä h l t e n Volkes, und d e ſ ſ e n
H a n g z u d e n ä g y p t i ſ c h e n G e w o h n h e i-
t e n h a t t e. **

* Indem die heidniſchen, oder nach Ritter-
hauſen, teufliſchen Laden älter waren,
als die iſraelitiſche.

** Quod autem poſtea Moyſi oſtendit tabernaculi
arcae et arae pretioſum et artificioſum aedifi-
cium, id ipſum vel ex hoc loco videtur oſten-
diſſe, permiſſionem potius fuiſſe quam manda-
tum, et ad durae cervicis populum et ſuperſti-
tioſum nimis continendum in officio, alloqui ut
patet nimium propenſum ad ritus gentilium
Deosque eorum. *Conradus Pellicanus* in Exod. 20.

Dieſer Hang der Iſraeliten mußte bey der Bundeslade um ſo viel mehr ſeine Rechnung finden, weil die äuſſere Aehnlichkeit derſelben mit den geheimnißvollen Käſtchen der Heiden ſo groß und vielfach war. Die Bundeslade war aus Cederholz gebaut und mit Gold überzogen. Wir haben ſchon oben bey dem Plutarch ein goldenes ägyptiſches Heiligthumskäſtchen kennen gelernet, und Pauſanias * hat uns eine nähere Beſchreibung eines andern in folgenden Worten aufbehalten: „In dieſem Tempel ſteht auch ein Kaſten aus „Cederholz verfertiget, mit goldenen und „elfenbeinenen Sinnbildern, die zum Theil „mit dem nämlichen Cederholze eingeleget ſind.“

Die Bundeslade war rings um mit einer Krone eingefaßt. ** Auch dieſes war der Fall bey den Laden der Myſterien. Beym Euripides*** heißt es irgendwo: „Ich ſehe „einen alten Kaſten mit Kränzen und

---

* Arca etiam ex *Cedro* confecta eo in templo poſita eſt cum *aureis* et eburneis emblematibus partim vero ex eadem *cedro* caelatis. *Pauſan.* Antiq. L. 8. c. 12.

** 2. B. Moſis 25. K. 11. V.

*** Video arcam antiquam ſertis coronatam ac floribus. Ion. Act. 5.

„Blumen geziert,“ und beym Oppian:* „das
„heilige Chor erhob den geheimen Kasten,
„und krönte ihn.“ ——

Auch an den Ehrenbezeugungen, die
der Bundeslade erwiesen wurden, sind die
Gewohnheiten der Mysterien unverkennbar.
Man trug bey den Feyerlichkeiten der Letztern den
Heiligthumskasten im Triumphe herum.
Es war dieses Herumtragen ein Vorrecht
der Priester, oder einer eigens dazu be-
stellten Klasse von Dienern des Heiligthums, die man Kistophoren nannte.
Kein anderer wagte es den Kasten zu berüh-
ren, so wenig als ausser dem Hierophanten
jemand die verborgenen heiligen Sachen sehen
durfte. Pausanias** erwähnt eines gewissen
Euripilus, der die Verwegenheit hatte, einen
solchen Kasten zu öffnen, und auf der Stelle
von Sinnen kam. Wem fällt hier nicht
die noch viel strengere Züchtigung der Bethsa-
miten ein, die in der Freude ihres Herzens,

---

* Arcam porro arcanam sacer chorus sublatam
coronantes. Oppian. L. 4. v. 253.

** Cum Euripilus *arcam* illam aperuisset, et in ea
reconditum Bacchi simulacrum *intuitus* esset,
statim a spectaculo mentis inops factus est. *Pausanias* loco supra citato.

daß die Bundeslade bey ihnen vorbey zog,
nach derſelben hinblickten, und dieſen Fehler durch
den plötzlichen Tod von* ſechzigtauſend und
ſiebzig ihrer Mitbürger büßen mußten? ——

Noch viel wichtiger als ſelbſt die Bundeslade waren die auf der Decke derſelben an-
gebrachten Cherubim für die Religion und
den Gottesdienſt der Hebräer.   Dieſe Figuren
hatten eine noch viel erhabnere Bedeutung, und
waren ihrem Range nach der erſte Gegenſtand
im Allerheiligſten.   Sie ſtellten in demſel-
ben den Thron der Herrlichkeit Jehovahs vor; indeſſen die Bundeslade nur
die Stelle ſeines Fußſchemels vertrat.**
Wirklich war der Raum zwiſchen den Flü-
geln der beyden Cherubim der ſogenann-
te Gnadenſtuhl, *** wo Jehovah ſeine
mündliche Befehle gab, und Fragen be-
antwortete.   Die Schrift verſichert daher
an vielen Stellen, daß der Herr über den

---

* 1. B. Samuel. 6. K. 13. u. ſ. W.

** Pſalm. 99, 1 - 5.

*** Inde praecipiam et loquar ad te ſuper propitia-
torium, atque de medio duorum Cherubim,
quae ſunt ſupra *arcam teſtimonii*, cuncta, quae
mandabo per te filiis Iſrael. Exod. 25, 23.

Cherubim wohne, und zwiſchen den
Cherubim ſitze * und die Iſraeliten
mußten bey ihren Gebeten und Opfern ihr Ant-
litz und ihre Hände gegen dieſe Bilder richten.

Man mag nun die Cherubim nach ihrem
Namen, ihrer Geſtalt und ihrem Platze,
oder nach ihrer Bedeutung und ihrem Endzwecke betrachten, ſo findet ſich eine ſonderbare
Uebereinſtimmung aller Umſtände, die man zu
dem Beweiſe nöthig hat, daß ſie urſprünglich
Hieroglyphen der ägyptiſchen Myſterien ſind.

Das Wort Cherub bedeutet in der Urſpra-
che einen Stier und wurde, wie Spencer
vortreflich erweiſet, den Thierbildern auf der
Bundeslade beygelegt, weil ſie mit der Geſtalt eines Stieres Aehnlichkeit hatten. Der
Stier war bey allen alten Völkern ein Sinnbild der Kraft und Stärke, und der
Apis der Aegyptier ſtellte in den blühenden
Zeiten ihrer Myſterien unter andern vorzüglich das göttliche Attribut der Allmacht vor.
Da nun die Bundeslade, auf welcher die

---

* Qui ſedet inter *Cherubim*. Pſ. 99. Qui *habitat*
inter Cherubim. Eſaiae 37, 16.

Cherubim ruhten, bald der Kaſten der
Stärke des Herrn,* bald das Heiligthum der Macht,** bald die Stärke der
Macht des Herrn *** genannt wird, ſo iſt
der ägyptiſche Sinn, in welchem das Wort
Cherub hier urſprünglich gebraucht wurde,
wohl keinem Zweifel unterworfen.

Die Geſtalt der Cherubim war offenbar
hieroglyphiſch.   Sie war eine Zuſammenſe-
ßung aus verſchiedenen Thiergeſtalten, und ſo
viel ſich aus dem Geſichte Ezechiels,† aus
dem Berichte des Joſephus,†† und dem Zeugniſſe der Kirchenväter abnehmen läßt, ſo hatten ſie den Kopf eines Menſchen, den
Rücken und die Mähne eines Löwen,
die Schenkel und Füße eines Stiers,
und vier Adlerflügel. Dieſe Gewohnheit,
mehrere Thiergeſtalten in einer und ebenderſelben
Bildſäule zu vereinigen, iſt unläugbar zuerſt in
Aegypten aufgekommen; und wenn ſie nicht
von den Hierophanten angefangen wurde,

* Pſ. 132. v. 8.
** Dan. 11, 31.
*** Num. 10, 31.
† Ezechiells 10, 20.
†† Antiquit. 3. 6. 6.

so ist es doch aus mehr als Einem Schriftsteller erweislich, daß sie von denselben in ihr
Heiligthum aufgenommen worden sey. „Bey
„ihnen,“ schreibt Porphyr,* „machte man ei-
„nen Gott bis an den Hals in menschlicher Ge-
„stalt; setzte aber den Kopf eines Vogels, oder
„eines Löwen, oder irgend eines andern Thie-
„res darauf. Und wieder ein anderer bekam das
„Haupt eines Menschen, die übrigen Glieder
„aber von andern Thieren.“ — Apulejus
erzählt als Augenzeuge von einer Feyerlichkeit
der Mysterien, und beschreibt den ägyptischen Cherub, der dabey vorkam, mit folgenden Worten:** „Ein anderer trug das Bild-
„niß der höchsten Gottheit, das weder einem
„zahmen noch wilden Thiere, noch einem Vogel,
„noch auch einem Menschen ähnlich sah.“ —
Eine Beschreibung, die vollkommen auf die Che-

* Apud eos Deus aliquis ad collum usque forma
  humana effingebatur; facies autem illi avis ali-
  cujus vel leonis, vel alterius animalis aptaba-
  tur: et rursus alius caput hominis habuit caete-
  ras autem partes aliorum animalium. *Porphy-*
  rius de abst. L. 4. Sect. 9.

** Gerebat alius summi numinis venerandam effi-
  giem; non pecoris, non ferae, non avis, ac ne
  hominis quidem consimilem; sed solerti ingenio
  repertam, ipsa etiam novitate venerandam. Apulejus Metam. L. 2.

rubim der Israeliten paßt, die weder
Stier, noch Löwen, noch Adler, noch Menschen, sondern von jeder dieser Figuren etwas
vorstellten. Man vergleiche endlich die folgenden Worte des Josephus * damit: „Die Che-
„rubim sind geflügelte Thiere, die keinem aus
„allen, die unter den Menschen gesehen werden,
„ähnlich sind.“ — Ich übergehe eine Menge
Stellen aus alten Schriftstellern, die ungefähr
eben dasselbe sagen, und erinnere Sie nur an die
geheimnißvollen Sphinxe der Aegyptier, an
denen wenigstens die Köpfe und Mähnen der
Cherubim nicht zu verkennen sind.

Nach der einstimmigen Meinung so wohl der
alten Rabbinen als auch der christlichen Kirchenväter waren die Cherubim
nichts weniger als bloße Verzierungen der Bundeslade, sondern hatten hohe mystische
Bedeutungen. Sie erlassen mir, meine
Brüder, die verschiedenen Geheimnisse anzuführen, welche von den christlichen Theologen älterer
und neuerer Zeiten in diesen Sinnbildern aufgesucht und gefunden wurden, und begnügen Sich
mit der kurzen aber sehr treffenden Auslegung, die

---

* Animalia alata, nulli eorum, quae ab hominibus visa sunt, similia. *Antiq.* 3. c. 6.

ich aus dem Talmud hierher ſetzen will. ＊ „Die
„vier Thiergeſtalten in dem Cherub ſtellen die
„vier Mächtigen der Erde vor: den Löwen un-
„ter den wilden, und den Stier unter den zah-
„men Thieren, den Adler unter den Vögeln, den
„Menſchen unter allen Thieren; Gott aber, der
„auf den Cherubim thront, unter allen
„das mächtigſte Weſen.“　Aehnliche Bedeutung
hatten die Thierbilder der Myſterien.　Nichts
iſt gewiſſer, als daß jede Hieroglyphe in
der Blüthenzeit dieſes Inſtitutes ihren vernünftigen Sinn hatte.

Die Cherubim nahmen in dem hebräiſchen Heiligthume die vornehmſte Stelle ein.　Ihr Platz war über der Decke der
Bundeslade, mit der ſie in der Stiftshütte,
und nachmals, als die Hebräer einen Tempel
hatten, ins Allerheiligſte deſſelben geſetzt
wurden.　Auch dieſer Umſtand trifft bey den vornehmſten Thierbildern der Aegyptier
ein.　Der Sphinx, welcher die Iſis vor-
ſtellte, der Cherub, den Apulejus geſehen
hatte, und jener des Plutarchs ſtanden unge-
zweifelt in den Abytis unter dem Vorhange.
Gewiß iſt es, daß ſie bald in dem Heilig-

＊ Ap. Schindler. Lex. Pent. Col. 267. A.

thumskasten verschlossen waren, bald in der
Nähe desselben aufbewahret wurden. Bey der
aus dem Apulejus schon öfter angeführten Feyerlichkeit der Mysterien, * wurde gerade
vor oder neben dem Kasten das mystische
Stierbild getragen. Uebrigens gab es bey
den Aegyptiern von den Sphinren und
Thierbildern, die im Heiligthume verehrt wurden, immer noch andere Exemplare, die
bloß zur Zierde der Tempel und Vorhöfe gebraucht wurden. Eben so wurden auch die Cherubim als Schmuck an der Stiftshütte, und
am Vorhange derselben auf Gottes Befehl ange-
bracht.

Endlich fand sogar auch der Zweck der Cherubim, daß sie nämlich, wie bereits gesagt
wurde, die Wohnung und den Thron Jehovahs
und den Sitz seines Orakels vorstellen sollten,
auch bey den hieroglyphischen Bildern
der Mysterien wenigstens in so ferne Statt,
als diese von den Uneingeweihten als wirkliche Götzenbilder angesehen wurden. Die
orthodoxen Götzenpriester hatten ihre Un-
verschämtheit so weit getrieben, daß sie dem Pö-

---

* Sequebatur BOS omniparentis Dei fœcun-
dum simulacrum, quod humeris suis residens
praeferebat unus ex ministerio beato greffu ge-
stuosus. Ferebatur ab alio cista &c. Loc. cit.

bel weiß machten, die Götter wären in den
Bildsäulen gleichsam als in ihren Wohnun-
gen zugegen; diese Bildsäulen wären wirklich belebt und weissagend, * und wie
Trismegistus bey Klemens von Alexandrien ** sich ausdrückt: „Körper der Göt-
„ter, die durch gewisse magische Gepränge ge-
„zwungen wurden, jene irdischen Hüllen anzu-
„nehmen, zu beleben und zu bewohnen." ——
Die Juden mußten bey ihrer großen Anhänglichkeit an die ägyptische Volksreligion
natürlich vor allen andern Gegenständen derselben an den belebten und sprechenden
Bildsäulen ein besonderes Belieben gefunden
haben. Es hat daher, wie Spencer glaubt,
wirklich das Ansehen, *** daß die Sitten
und die Religionsbegriffe dieses Volkes es nothwendig gemacht haben, daß
Jehovah auf den Cherubim wohnte

---

* Statuas animatas fuisse ac spiritu plenas, statuas futurorum praesclas. S. Aug. de civ. Dei
L. 8. c. 23.

** — Statuas aut simulacra Deorum corpora fuisse, qui magicis quibusdam incantationis caere-
moniis ad corpora illa terrena animanda, assu-
menda, et inhabitanda cogebantur. Trismegistus citatus ab August. loco citato.

*** Spencer de legibus Hebraeorum ritualibus L.
4. C. 6. §. Sect. 5.

und aus diesen heiligen Bildern mündliche Antworten, und andere in die Sinnen fallende Beweise seiner Gegenwart
zu geben würdigte. ——

Wir wollen das Heiligthum der Hebräer
mit einem Blick auf den Vorhang desselben
verlassen.   Was ich über diesen zu sagen habe,
liegt ganz in folgender Stelle des Klemens von
Alexandrien: *.   „Das in dem inneren
„Heiligthume der Wahrheit aufbehaltene wirk-
„lich heilige Wort (die Geheimnisse der
„Mysterien) haben die Aegyptier durch
„das, was bey ihnen die Adyta hießen: die
„Hebräer hingegen durch den Vorhang be-
„zeichnen wollen.   Was also die Verheimli-
„chung betrifft, sind die Sinnbilder der
„Hebräer denen der Aegyptier sehr
„ähnlich.“   So weit Klemens von Alexandrien. ——

Das erste Resultat, meine Brüder, das sich
uns nach dieser Vergleichung, die sich noch viel
weiter fortsetzen ließe, aufdringt, ist unstreitig

* In adyto veritatis repositum sermonem revera
sacrum (ἱερὸν λόγον) Aegyptii quidem per ea,
quae apud ipsos vocantur adyta: Hebraei autem
per velum significarunt. Occultationem igitur quod
attinet, sunt Hebraeis simillima Aegyptiorum ae-
nigmata. Clemens Alexandrinus. Strom. 5.

dieses: daß die Religion der Hebräer
sowohl in ihren Grundwahrheiten, als
auch in ihren vornehmsten äusserlichen
Bestandtheilen, schon vor Moses in
dem ägyptischen Heiligthume da gewe=
sen sey. Dieß als Thatsache vorausgesetzt, so
wäre also der unselige Streit über die erste
historische Quelle der Religionswahr=
heiten, der die maurerische so wie die pro=
fane Welt entzweyt, ganz überflüssig, und die
verhaßten Namen der Orthodoxen und Frey=
geister, die zum Erstaunen und Aergernisse der
Profanen in gewissen Maurerschriften so laut
zu werden anfangen, müßten auf ewig aus un=
srem Bunde verbannt werden. Wir würden
allgemein einsehen, daß die bisherige Entgegen=
setzung der Vernunft und der Offenba=
rung auf einem bloßen Wortstreite beruhte.
Die Brüder, die ihre Erleuchtung dem He=
braismus verdanken zu müssen glauben, wür=
den dann weiter keine Ursache mehr haben, die
Brüder, die sich dießfalls an die ägyptischen
Mysterien halten wollen, zu verketzern. —
Sie würden das Beyspiel Jehovahs selbst
vor Augen haben, der es seiner nicht unwürdig
fand, aus dem Fond der in den ägyptischen
Mysterien aufbehaltenen Wahrheiten gerade
diejenigen auszuwählen, die sein Volk faß

ſen konnte, und ſogar die Hieroglyphen und Ceremonien dieſes Inſtituts für die ſchicklichſten Mittel hielt, jene Wahrheiten unter einem äuſſerſt rohen und unwiſſenden Volke fort zupflanzen.

Ob und in wie ferne ich übrigens berechtiget war, die jüdiſche Religion unter die alten Myſterien zu zählen, und die Hebräer eine Nation von Eingeweihten zu nennen; muß ich ganz dem Urtheile meiner Brüder über laſſen. Das Sonderbare einer eingeweihten Nation liegt eigentlich nur in dem Ausdrucke, wenn man bedenkt, daß dieſe Nation weder zahl= noch volkreicher war, als unſer über die ganze Oberfläche der Erde verbrei tete Orden. Ich glaube bisher bewieſen zu haben, daß die Hebräer erſtens im Beſitze der Wahrheiten geweſen ſind, die bey den übri gen Nationen entweder gar nicht oder nur unter der Hülle des Geheimniſſes da waren, und den Hauptgegenſtand aller ächten Myſterien abga ben, und daß ſie zweytens mehrere myſtiſche Einweihungen, Hieroglyphen und Ce remonien hatten. Wahrſcheinlicher Weiſe wird ein großer Theil unſrer Brüder in den Aufſchlüſ ſen, die er im maureriſchen Heiligthume angetroffen hat, keine hinlängliche Urſache finden, dem Hebraismus den Ehrennahmen der My ſterien ſtreitig zu machen. Wer indeſſen die

sen Namen im strengsten Sinne zu verstehen gewohnt ist, wer bey demselben einen Fond
von Einsichten voraussetzt, für den nur eine
kleine Anzahl von Menschen empfänglich ist;
Hieroglyphen, die jedem Eingeweihten
gleich verständlich werden können; eine Einweihung, mit der alle Geheimnisse aufhören; Geheimnisse, die ausserhalb des
Heiligthums nicht eben so gut erklärt
werden können; kurz, wer es mit den Mysterien so genau nimmt, dem kann ich freylich nichts
einwenden, wenn er mir vorrückt, daß ich dieses
Wort bey der gemeinen Volksreligion der Hebräer übel angewendet, und mich selbst des Miß-
brauchs, über den ich in der Einleitung klagte, schuldig gemacht habe. Allein er macht sich dann durch
eben diesen Einwurf verbindlich, auf eben dieses
Wort Verzicht zu thun, so oft von der gemeinen
Freymaurerey in ihrem gegenwärtigen
Zustande die Rede ist. Ich hingegen gebe
darum meine Behauptung hebräischer Mysterien noch nicht auf: denn vielleicht finden sich
im Inneren des Hebraismus, so wie im
Innern der Freymaurerey, Geheimnisse, denen diese Benennung im eigentlichsten
Verstande zukommt.

Die
Hebräischen Mysterien

ober

die älteste religiöse

Freymaurerey.

Zweyte Vorlesung.

Zweyte Vorlesung.
Ueber die größeren Mysterien der Hebräer.

Erster Abschnitt.
Von den größern Mysterien der Alten überhaupt.

Die Mysterien, o Jupiter! sind uns sehr nothwendig, um zu wissen, daß die Götter Götter, und Ungeheuer Ungeheuer sind. Momus bey Lucian in der Götterversammlung.

Unstreitig gehört die Einschränkung der Zügellosigkeit durch Aberglauben, unter die vornehmsten Erziehungsanstalten des jungen Menschengeschlechts. Der Abscheu,

ben der rauhe Sohn der Natur vor aller Unter-
würfigkeit haben mußte, konnte durch nichts
als die Furcht aufgewogen werden, die ihm
seine Unwissenheit gegen die Ursachen der
unbekannten Naturerscheinungen einflößte.
Alle Spuren der ältesten Geschichte, so weit sie
in die fabelhafte Zeit hinauf reichen, führen
uns auf diese Bemerkung. Die zerstreuten Hor-
den herumirrender Wilden, für die auch die sanftesten Bande des bürgerlichen Lebens drückende
Fesseln seyn mußten, beugten freywillig ihren
unbändigen Nacken unter das schwere Joch der
Dienstbarkeit, so bald es ihnen im Namen eines höhern Wesens aufgelegt wurde. Allenthalben traten Männer von Talenten mit
übernatürlichen Sendungen auf; und
es kam nur auf sie an, ob sie die Schaaren, die
sich dicht um sie heranbrängten, zu Bürgern oder
Sklaven umschaffen wollten. So äusserte sich
die Würde der menschlichen Natur, die kein anderes Nebengeschöpf über sich erkennen kann, in
der Kindheit des menschlichen Geschlechts auf eine
kindische Weise. Die Vernunft, die allein
Unabhängigkeit gewährt und zusichert, lag noch
unentwickelt im Keime, und das vernunftfä-
hige Geschöpf fühlte sich zu schwach, um seine Freyheit behaupten und benutzen zu können,
und zu stark, um sich von jemand andern als

den unsterblichen Göttern selbst beherrschen zu lassen.

Die Vertrauten und Lieblinge der Götter waren also die ersten ruhigen Besitzer der obrigkeitlichen Gewalt unter den Menschen. Sowohl ihr Amt als auch ihr Recht dazu war göttlich, und die Meynung von ihrer Göttlichkeit, die endlich auf ihre Personen übertragen wurde, erhielt sich noch so lange über die ersten Vorschritte der Kultur hinaus, daß die Volksreligion der aufgeklärtesten Nationen keine andern Gottheiten aufzuweisen hatte, als die ersten Fürsten ihrer Vorfahren, und daß selbst die spätern Könige, denen die Ehre der Vergötterung nicht zu Theil wurde, beym Homer und andern Dichtern insgemein mit dem Beynamen der * Göttersöhne und der Zöglinge der Götter beehrt wurden.

Theokratie ist nach der patriarchalischen aus allen bekannten Regierungsformen die älteste; und man wird keine alte Nation anführen können, deren Staatsverfassung nicht wenigstens ihrem Ursprunge nach theokratisch gewesen wäre. Dieß ist der gemeinsame Inhalt

* Θεογενεῖς, Θεονηγενεῖς

der Nachrichten, die von den Stiftungen der
bürgerlichen Gesellschaften und den frühesten
Gesetzgebungen bis auf uns herabgekommen sind,
und die Ueberbleibsel der ältesten Profan=Ge=
schichte sind mit unsern heiligen Büchern
hierüber vollkommen einig. Wenn Jehovah
den Hebräern durch Moses sein Gesetz an=
kündigen ließ, so erhielten die Aegyptier von
Osiris und der Isis in eigener Person, und
dann vom Merkur oder Hermes durch Amo=
sis, die Baktrianer und Geten von der
Vesta durch Zoroaster und Ramolxis,
die Kretenser und Arkadier vom Jupiter
durch Rhadamantus, Minos und Ly=
kaon, die Athenienser von der Ceres
durch Triptolemus, die Krotoniaten
und Lokrenser von der Minerva durch den
Pythagoras und Zaleukus, die Spar=
taner vom delphischen Orakel durch den
Lykurg, die Römer vom Consus und der
Aegerie durch Romulus und Numa, die
Westgothen von Odin und Thorr durch
ihre Druiden, die Peruaner von der Sonne
durch Manko=Kapack u. a. m. ihre politi=
schen Verfassungen.

Der Freymaurer, den etwa seine eigene
Vernunft zweifelhaft lassen könnte, was er von

den göttlichen Sendungen aller dieser Propheten und Gesetzgeber zu halten hätte, muß wenigstens aus seiner Bibel überzeugt seyn, daß, die einzige mosaische ausgenommen, alle übrigen nichts als den Aberglauben des großen Haufens und die Verschlagenheit seiner Anführer zum Grunde gehabt haben.

Wir brauchten nicht mehr als das bisher angeführte zu wissen, um die Nothwendigkeit von politischtheologischen Geheimnissen einzusehen, die so alt seyn mußten, als die ältesten Staatsverfassungen, von Geheimnissen, auf welchen das Ansehen der Gesetzgeber und ihrer Gesetze gegründet war, und wozu Niemand als die Gesetzgeber und ihre Gehülfen den Schlüssel haben durfte. Die Besitzer konnten diesen Schlüssel nicht mit sich ins Grab nehmen, wenn sie ihr großes Werk durch eben die Mittel erhalten wollten, durch die es angefangen worden war. Sie mußten ihn also ihren Nachfolgern zurücke lassen, oder, welches eben so viel heißt, mit der neuen Staatsverfassung zugleich Mysterien stiften.

Aegypten, die Schule der Gesetzgeber, war auch bekanntermaßen das Vater-

land der Mysterien. Von hier aus wurden sie durch Griechenland und Asien verbreitet, und die Verschiedenheit der Götter, deren Nahmen sie in den verschiedenen Ländern angenommen haben, ist nur ein Beweis mehr, daß
es den Stiftern bey der Einführung derselben
nicht so viel um die Theologie der Aegyptier, als um die Benutzung des politischen Kunstgriffs, den sie in dem Heiligthume dieses Volks gelernet hatten, zu thun war.

Auch nachdem die bürgerlichen Verfassungen
bereits festen Fuß gefaßt hatten, und die weltliche Gewalt sich von der geistlichen zu trennen
anfing, dauerten diese Mysterien noch hin
und wieder in ihrem ursprünglichen und wesentlichen Inhalte fort. Da das Institut bey den
Fortschritten der Kultur unmöglich unsichtbar und
verborgen bleiben konnte, so mußte es entweder
aufhören, oder eine äussere Gestalt annehmen, die den Pöbel eher alles in der Welt,
als das Innere vermuthen ließ. Und weil
die Aussenseite war hiezu schicklicher, und dem
ersten Zwecke der Stifter angemessener, als
eine solche, wodurch die Volksreligion
an dem gemeinen Manne alles dasjenige gewinnen mußte, was sie im
Heiligthume selbst an den Einge-

weihken zu verlieren hätte. Es entstanden also kleinere und größere Mysterien; die einen verbargen, was die andern enthüllten; die einen schürzten den Knoten, den die andern auflöseten.

Es gab daher kleinere Mysterien, die jedem frommen Gläubigen ohne Unterschied ertheilt wurden, und die man zuweilen nur aus der Absicht verweigerte, um die Meynung des großen Hauffens von ihrem Werthe zu erhöhen. Ihre Form war den verschiedenen Bedürfnissen der Länder, dem Genius der Völker, oder vielmehr der Beschaffenheit des herrschenden Aberglaubens angemessen, und bestand aus Ceremonien und Geprängen; die in Memphis, Eleusis, und auf Samothräzien untereinander wenig Aehnliches hatten.

Die größern Mysterien hingegen hatten allenthalben, wo sie beybehalten, das heißt, wo sie nicht von den Mystagogen in ausschließenden Besitz genommen wurden, einerley Inhalt. Von den ägyptischen bezeugt Klemens von Alexandrien:* „Die Aegyptier pflegten ihre Mysterien

* Clem. Alexandr. L. 5. Strom. p. 566. ed. Lut.

„keineswegs allen ohne Unterschied auszuschlie-
„ßen, oder die geheimen Kenntnisse, die ihre
„Götter betrafen, Uneingeweihten mitzu-
„theilen. Dieser Vorzug wurde nur Männern
„zu Theil, welche zur Führung des
„Staatsruders bestimmt waren, und
„denjenigen aus dem Priesterstande,
„die durch Abkunft, Erziehung und
„Einsichten dazu fähig befunden
„wurden.“ Der Gegenstand dieser geheimen
Kenntnisse sowohl, als die große Sorgfalt der
Hierophanten, ihn vor Uneingeweihten auch
vom höchsten Range zu verheimlichen,
erhellet noch deutlicher aus folgender Stelle des
Augustins: * „Von der nämlichen Beschaf-
„fenheit sind die Dinge, von denen Alexan-
„der der Macedonier an seine Mutter

* In eo genere funt etiam illa, quae Alexander
Macedo ſcribit ad matrem, ſibi a magno Anti-
ſtite ſacrorum Aegyptiorum quodam Leone pa-
tefacta: ubi non Picus et Faunus, et Aeneas et
Romulus vel etiam Hercules et Aeſculapius et
Liber Semele natus et Tyndaridae fratres et ſi
quos alios ex mortalibus pro Diis habent; ſed
ipſi etiam majorum gentium Dii, quos Cicero
in Tuſculanis tacitis nominibus videtur attin-
gere, Iupiter, Iuno, Saturnus, Neptunus, Vul-
canus, Veſta et alii plurimi, quos Varro co-
natur ad mundi partes ſive elementa transferre

„schrieb: sie waren ihm von dem obersten
„Vorsteher der ägyptischen Mysterien
„entdeckt worden, und enthielten nichts gerin-
„geres, als daß nicht etwa Faunus, Pikus,
„Aeneas, und wie die Halbgötter alle heissen
„mögen, sondern selbst die Gottheiten vom
„ersten Range, von denen Cicero in seinen
„tuskulanischen Abhandlungen unter
„verdeckten Namen spricht, Menschen gewesen
„wären. Der Hierophant, welcher wußte,
„daß Alexander von der Sache an seine
„Mutter geschrieben habe, fürchtete, daß nicht
„das Geheimniß der Mysterien verra-
„then würde, und bat Alexandern, den
„Brief sogleich verbrennen zu lassen.“ — Ueber
eben diese Mysterien in Griechenland
läßt sich Cicero gegen einen Miteingeweih-
ten folgendermaßen heraus: * „Ist nicht fast
„der ganze Himmel mit Menschen bevölkert wor-
„den? Wollte ich im Alterthume nachforschen,

---

homines fuisse produntur. Timens enim et illa
quasi revelata mysteria petens admonet Alexan-
drum, ut, cum ea matri conscripta insinuaverit,
flammis jubeat concremari. *Augustinus de Civ.
Dei.* L. VIII. c. 5.

* Quid? totum prope coelum, ne plures perse-
quar, nonne humano genere completum est?
Si vero scrutari vetera, et ex his ea, quae scrip-

„und das, was uns die alten griechischen Schrift-
„steller hinterlassen haben, näher untersuchen,
„so würde sichs zeigen, daß sogar die Götter
„vom ersten Range von hienieden in den Himmel
„versetzt wurden. Erkundige dich, was für
„Grabstätten im Griechenlande aufgezeigt wer-
„den. Erinnere dich, denn du bist ja
„der Eingeweihten einer, der Auf-
„schlüsse, die man in den Mysterien
„erhält, und dann wirst du wissen,
„wie weit sich diese Sache treiben
„läßt." — Das letzte Zeugniß, das ich
hier noch anführen will, vollendet den Begriff, den wir uns von dem Inhalt der
größern Mysterien zu machen haben, und
ist in folgender merkwürdigen Stelle aus dem oben
erwähnten Werke des Klemens von Alexandrien enthalten: * „Die Lehren, die in
„den größeren Mysterien vorgetragen wer-
„den, betreffen das Universum. Hier

tores Graeciae prodiderunt, eruere coner, ipsi
illi majorum gentium Dii qui habentur, hinc
a nobis profecti in coelum reperiuntur. Quaere
quorum sepulcra demonstrantur in Graecia? Re-
miniscere quoniam es initiatus, quae tradantur
Mysteriis; tum denique, quam hoc late pateat,
intelliges. *Tusc. Quaest.* L. 1. c. 13.

* Clem. Alex. Strom. L. 5.

„hört aller Unterricht auf. Die Dinge wer-
„den gesehen, wie sie an sich selbst
„sind, und die Natur und die Werke
„der Natur dem Blicke des Einge-
„weihten aufgedeckt.“

Die Nichtigkeit der Volksgötter,
und die Einheit des höchsten Wesens
waren also zwey Hauptlehren, welche die Epopten oder Eingeweihten der größern
Mysterien in Aegypten sowohl als in
Griechenland und Asien unter sich fortpflanzten. Indessen der Pöbel jede ihm unbe-
greifliche Begebenheit einer besondern übernatürlichen Person zuschrieb, erkannten jene die Natur für die einzige Ursache aller Erscheinungen,
was auch sonst ihre Meynung über den Jao, den
Demiurgen, die Urkraft der Natur,
das Wesen aller Wesen seyn mochte. Ihr
Gott war also der Gott der Götter, ihre
Gesellschaft sein auserwähltes, priesterli-
ches Volk, und ihr Versammlungsort sein
Heiligthum.

Zweyter Abſchnitt.
Von der Gründung der moſaiſchen Religion.

Ergo ſolis Graecis in penitioribus ſenſibus philoſophari licet, aut etiam Aegyptiis, et ſi qui alli Barbari jactant ſe habere veritatem tectam myſteriis? Iudaei vero ſoli et legislator eorum — videntur tibi mortalium omnium ſtultiſſimi? *Origenes contra Celſum.* L. 4.

Empfindlicher hätten die phöniziſchen Sklaven der Aegyptier an ihren Unterdrückern unmöglich gerächt werden können, als da ſie ſammt und ſonders zu Jaos Lieblingen, und ihr ganzes gegenwärtiges und künftiges Geſchlecht zu deſſen auserwähltem, eigenthümlichem und prieſterlichem Volke erhoben, und folglich mit den Edelſten ihrer vorigen Herren in eine Klaſſe verſetzt wurden. Die philoſophiſche Gottesverehrung, durch welche ſich dieſe letztern von ihren uneingeweihten Mitbürgern unterſchieden, ging auf dieſe Weiſe in die gemeine Volksreligion ihrer flüchtigen

Knechte über, und die erhabene Geheimlehre, von deren Entdeckung die Weisen
Aegyptens den Untergang ihres gemeinen
Wesens befürchteten, wurde der Grundpfeiler
des neuen Staats der Hebräer.

Wenn man bedenkt, daß sich der große
Grundsatz der Eingeweihten:* „Es
„gäbe viele Wahrheiten, die der Pöbel nicht
„ohne Schaden erfahren könne, und viele Irr-
„thümer, die der Pöbel zu seinem Vortheil nicht
„dafür ansehen düfe“ — bis zu den Zeiten des
Varro in den Heiligthümern der Mysterien sowohl als in den Kabinetten der
Regenten erhalten hat: so darf man sich nicht
wundern, daß die Hebräer so lange Zeit hindurch das Einzige Volk geblieben sind, dem
das große Geheimniß der Mysterien
öffentlich vorgetragen wurde. Freylich hätte
Moses, der am Hofe erzogene, und in aller
Weisheit des Landes unterrichtete Pflegesohn

---

* Multa esse vera, quae vulgo scire non sit utile;
multaque, quae tametsi falsa sint, aliter existi-
mare populum expediat. Et ideo Graecos, Tele-
tas et Mysteria taciturnitate parietibusque
clausisse. Varro apud Augustinum de Civit. Dei.
L. 4. c. 31.

einer Königstochter * ein Uneingewethter
sehn müssen, wenn er nicht die Ungereimtheit
der ägyptischen Volksreligion, und
den einzigen Jao der Weisen schon vor der
Erscheinung des brennenden Dornbu-
sches kennen gelernt hätte. Allein diese wichtigen Aufschlüsse einer ganzen Nation, zumal einer so tief gesunkenen beyzubringen, war
eine Unternehmung, durch deren Erfolg in kurzem das Gesetz der Verschwiegenheit,
und der oben angeführte Grundsatz der Eingeweihten mehr als zu viel gerächt wurde.
— Moses hatte den Hebräern auf einmal die Götter genommen, die sie in Aegypten anzubethen gewohnt waren, und sie dafür an eine Gottheit angewiesen, die ihnen
bisher sogar dem Namen nach ein Geheimniß war. Er sah sich genöthigt hiezu den
Weg der Gewalt einzuschlagen, welcher der
einen Hälfte der Nation das Leben kostete, ohne

* Ein Aufsatz in der Histoire de l'Academie R. des
Sc. et B. L. T. 14. erwähnt unter andern auch
des folgenden schriftwidrigen Irrthums, den der
ägyptische Geschichtschreiber Manetho in Absicht auf die Person des Moses zu verantwor-
ten hat: Les Juifs —?— revolterent sous la
conduite d'un *prêtre d'Heliopolis* nommé *Osar-
siph*, qui abjura la *religion Egyptienne*, & prit le
nom de *Moyse*.

die andere Hälfte zu bekehren. Der ganze ungeheure Aufwand von Anstalten, die er in seinem
Gesetze gegen die Vielgötterey getroffen hatte,
konnte keiner der unseligen Folgen vorbeugen,
welche die plötzliche Abschaffung der alten,
und Einführung einer neuen Religion
auf das Volk haben mußte. Die Bücher, die
seinen eigenen Namen führen, sind voll von
Beyspielen des langwierigen hin und wieder
Schwankens der Juden zwischen Aberglauben
und Unglauben, ihrer öftern Wiederkehr zum
ägyptischen Götterdienst, ihres gänzlichen Ver-
gessens der neuen Gottheit, und ihrer Zügellosigkeit, die weder Feuer noch Schwert bändigen
konnte.

So theuer nun auch den Hebräern ihre
Einweihung in die ägyptischen Mysterien zu stehen kam, so blieb doch immer zwischen der Religion der Epopten und der ihrigen der wesentliche Unterschied, daß dasjenige, was bey der einen vernünftige Erkenntniß war, bey der andern nie etwas
mehr als blinder Glauben werden konnte.
Und auch sogar für diesen Glauben hatte Moses
keine andere Grundlage finden können, als das
allgemein verbreitete Vorurtheil jener Zeiten,

welches jedem Volke seine besondere
Schutzgottheit gab.

Die Hebräer hatten zwar lange Zeit hindurch selbst von diesem Vorurtheile keinen Gebrauch gemacht. Ihr niedriger Sklavensinn
hatte bey ihnen den Stolz verdrängt, der sonst
jedes andere Volk seinem Nationalgotte ge-
treu erhielt. Der Gott Abrahams, Isaaks und Jakobs war über die ägyptischen
Volksgötter vergessen worden, und sie wußten,
wie Moses selbst gesteht, nicht einmal seinen
Namen mehr. „Siehe wenn ich zu den Kin-
„dern Israels komme, und spreche zu ihnen:
„Der Gott eurer Väter hat mich gesandt, und
„sie mir sagen werden: Wie heißt sein Name?
„was soll ich ihnen sagen?"* Nichts desto weniger konnte bey aller Vernachläßigung des Na-
tionalgottes der Glauben an denselben nie
ganz erstickt werden. Was konnte natürlicher
seyn, als daß die unterdrückten Israeliten, besonders in den letzten Zeiten ihres Aufenthalts
in Aegypten, bey mancher Steigerung ihrer Bedrängnisse, indem sie sich von den Göttern ihrer
Unterdrücker verlassen sahen, auf den Gedanken
zurück kamen, daß ihre Väter eben so gut wie

* 2. Buch Mosis 3. K. 13. V.

ihre grausamen Herren mit einer besondern Gottheit in Verbindung gestanden hätten?   Was
konnte also dem Moses leichter seyn, als den
Glauben an diese Gottheit wieder aufzuwecken,
besonders zu einer Zeit, wo das Volk durch die
Annäherung der wichtigsten Verän-
derung in seinem Schicksale mehr als
jemals aufgelegt seyn mußte, die Unentbehrlichkeit und die Vortheile eines überirdischen Schu-
tzes zu fühlen.   Der Umstand, daß der alte
Namen des vorigen Gottes in Vergessenheit gerathen war, machte nun der neuen mystischen
Benennung Platz, gegen welche das Volk
um so viel weniger etwas einwenden konnte, da
sie ihm bis auf diesen Augenblick unbekannt war,
und einen Gott bezeichnete, den noch keine andere Nation unter ihren Beschützern aufzuweisen
hatte.

Sollte der Nationalgott der Hebräer von der
Gottheit der ägyptischen Eingeweihten mehr als
den bloßen Namen haben, so mußte er für
den Einzigen anerkannt werden.   Dieß
gab unstreitig die größte Schwierigkeit, die der
Gesetzgeber zu überwinden hatte.   So sehr auch
jedes Volk geneigt war, seine Schutzgötter allen
übrigen vorzuziehen; so hatte sich bis dahin noch
keines beygehen lassen, den fremden Schutzgöt-

tern ihre Gottheit streitig zu machen. Man
war vielmehr gewohnt, diese Götter nach dem
Wohlstande und dem Glanze des Volks, dem
sie angehörten, zu schätzen. Die Israeliten
hatten sich, während ihrer ägyptischen Dienstbarkeit, in einem Zustande befunden, der eben
nicht sehr geschickt war, ihnen von der Herrlichkeit ihres Beschützers vortheilhafte Begriffe ein-
zuflößen. Auch nachdem sie das feyerliche Gelübde
am Sina gethan hatten, ihn für den Einzigen zu erkennen, und keine fremden
Götter neben ihm zu haben, erwachte
ihre große Meynung von den Göttern ihrer
vorigen Herren bey unzählichen Gelegenheiten wieder, und sie lernten auf ihrer Reise keine
einzige fremde Nation kennen, deren Schutz-
göttern sie nicht alsogleich huldigen zu müssen
glaubten. Man sieht also, wie unentbehrlich
die Sanction der Wunderwerke und des
levitischen Schwertes war, um unter
den Hebräern den Glauben an jene Wahrheiten festzusetzen, die in dem ägyptischen
Heiligthume auf historische und philosophische Kenntnisse gegründet waren.

Und doch waren diese Wahrheiten, die als
Gegenstände vernünftiger Einsichten
den damaligen Staatsverfassungen aller übrigen

Völker so gefährlich seyn mußten, als Gegenstände des blinden Glaubens nicht nur sehr geschickt, sondern schlechterdings nothwendig, um den Hebräern ihre Staatsverfassung zu geben, und für die Zukunft sicher zu stellen. Eben die Ursache, welche die ägyptischen Epopten nöthigte, sowohl die Nichtigkeit der Volksgötter, als das Daseyn eines einzigen Urwesens vor ihrem Pöbel zu verheimlichen, war beym Moses der zureichende Grund geworden, diese Geheimnisse seinem ganzen Volke zu offenbaren. Sollten die ägyptischen Landesgesetze, welche ursprünglich auf das Ansehen mehrerer Götter gebauet waren, ihre vorige Kraft behalten, so mußte das Daseyn des Gottes, der keinen andern neben sich duldete, dem Volke ein tiefes Geheimniß bleiben. Hingegen mußte den Israeliten gerade dieser Gott, und kein anderer ausser ihm angekündiget werden, wenn eine Gesetzgebung, die den Glauben an einen einzigen Gott wesentlich voraussetzte, bey ihnen Eingang und Bestand finden sollte.

In Aegypten war die Regierung, welche von den Göttern zuerst eingeführt, und ihren Vertrauten und Lieblingen übergeben worden, nach und nach in weltliche Hände gerathen. Die

Menge und Verschiedenheit der Götter,
und die davon unzertrennliche Uneinig-
keit der Priester mochten wohl das meiste
dazu beygetragen haben. Genug! die königliche Würde hatte sich vom Priesterthume getrennt, und so wie die Gewalt der
Layen immer weiter um sich griff, wurden dem
Einflusse der Götter und ihrer Diener immer en-
gere Schranken gesetzt. Die weltliche Macht
hatte endlich alle zeitlichen Vortheile in ihren Händen, indessen die geistliche fast keine andere
Stütze behielt, als die veränderlichen Re-
ligionsmeynungen des Pöbels. Woll-
ten nun die Priester nicht alle ihre Ansprüche fahren lassen, so mußten sie den Aberglauben in der
Volksreligion aufs höchste treiben. Zu ihrem
Glücke wurden die Finsternisse des Geistes, die
sie hierzu nöthig hatten, von den Königen
selbst unterhalten, die ihre Oberherr-
lichkeit nicht anders zu behaupten
wußten, als indem sie, so viel an ihnen lag, alle Kräfte ihrer Unterthanen in Beschlag nahmen. So gab es
zwey verschiedene Mächte im Staate, die sich
vor einander fürchten mußten, ohne daß sie einander einschränken konnten, und der Nation im
Grunde einerley Uebel zufügten; nur mit dem
Unterschiede, daß die weltliche durch Skla-

verey Dummheit, und die geistliche durch
Dummheit Sklaverey unterhielt.

Einem Manne von Talenten und Einsichten,
der sich eine geraume Zeit dem Throne sowohl
als dem Heiligthume Aegyptens so nahe
befunden hatte, wie Moses, konnte es nicht an
Gelegenheiten fehlen, die schlimmen Folgen
zweyer solcher Mächte in einem Staate kennen zu lernen. Es läßt sich freylich
schwer bestimmen, welche aus jenen schlimmen
Folgen der Gesetzgeber der Hebräer
bey der Grundlegung seiner neuen Regierungsform vorzüglich vor Augen gehabt habe. Allein
so viel ist wenigstens sowohl an den Grund-
zügen seines Plans als an dem Geiste seiner Gesetze sichtbar genug, daß ihm keine
der Klippen entgangen war, an welchen die Machtvollkommenheit der
Priester und Mystagogen gewöhnlich
zu scheitern pflegt. Vergebens würde
man in der hebräischen Staatsverfassung die
Auflösung des großen Problems suchen wollen: „Wie die möglichst größte Freyheit der ein-
„zelen Menschen mit den größten Vortheilen der
„bürgerlichen Gesellschaft zu vereinbaren wäre?"
Hingegen wird sich jedem, der die vier letzten
Bücher Mosis mehr als obenhin durchdacht

hat, der große hierarchische Grundsaß
von selbst aufdringen, daß, wenn die Ver-
walter und Ausspender der geistlichen
und unsichtbaren Güter, gegen die
der zeitlichen und sichtbaren nicht zu
kurz kommen sollten, beyde Würden
in einer einzigen Person vereiniget werden mußten.

So wie man die Israeliten aus den heiligen Büchern kennen lernt, waren sie weit weniger, als irgend eine andere Nation dazu gemacht, sich Geseße geben zu lassen, ohne daß
sich eine überirdische Macht dabey ins
Mittel gelegt hätte. Jehovah mußte
also in eigener Person ihr Gesetzgeber
werden, und wenn er in der Folge seine politische Macht nicht mit einem Sterblichen theilen
wollte, so mußte er keine fremden Götter
neben sich dulden, und die Regierung
selbst auf sich nehmen. Dieß geschah, und
damit waren die Hebräer zum priesterlichen Königreiche, und zum heiligen
Volke geworden;* damit war die Statthal-
terschaft Gottes dem Priesterthume
auf ewige Zeiten zugesichert. Wenn Osiris,
Hermes, und wie alle die göttlichen Ge-

* 2. B. Mosis 19. K. 6. V.

setzgeber der übrigen Völker heissen, zugeben mußten, daß ihre Vertrauten und Gesalbten Unterthanen der Layen wurden, und der Einfluß des Priesterthums in eben dem Verhältnisse abnahm, als sich die Zahl der Götter vermehrte, und die Priester derselben durch ihr verschiedenes Interesse genöthigt wurden, einander selbst entgegen zu arbeiten; so war bey der mosaischen Regierungsform allen diesen Unbequemlichkeiten damit vorgebeuget, daß Jehovah alles in allem geworden war: Schutzgott, Gesetzgeber und Regent. Niemand konnte von nun an den Auslegern seines Willens die Oberherrschaft streitig machen. Alle Anmaßungen von Menschen und Göttern waren auf immer zurück gewiesen. Der Eingriff in die geheiligten Vorrechte des Priesterthums und der Dienst einer fremden Gottheit waren gleich große Staatsverbrechen geworden, die nur mit dem Tode ausgetilget werden konnten. Die Einheit und folglich die ganze Stärke der politischen Macht beruhte auf der Einheit des Gegenstandes der Religion, und beyde verbürgten sich gegenseitig ihre Fortdauer. ——

Dritter Abschnitt.
Von der Theokratie der Hebräer.

Quae respublica poterit esse melior aut justior, quam ea, quae Deum quidem principem omnium esse confirmat, sacerdotibus autem in communi res praecipuas dispensare permittit, *summo vero Pontifici* sacerdotum principatum competenter injungit? *Iosephus cont. Apion.* L. 2.

Jehovah war im eigentlichsten Verstande des Worts König der Hebräer geworden. Er wurde feyerlich in den Besitz aller Majestätsrechte eingesetzt. Alle Gesetze wurden in seinem Namen vorgetragen, und die Auflösungen über den zweifelhaften Sinn derselben bey ihm selbst eingeholt. Er empfing von jedem, der das zwanzigste Jahr erreicht hatte, jährlichen Tribut, bestellte die Feldherrn, Richter, und Obrigkeiten, und ohne seinen ausdrücklichen Befehl durfte weder ein Krieg angefangen, noch eine Schlacht geliefert, noch Frieden geschlossen werden u. s. w. In den ersten Zeiten entschied er nicht nur die wichtigern Angelegenheiten des Staats, sondern ließ sich sogar herab, einzelnen

Verbrechern ihre Strafe zu bestimmen, und kleinere Streitsachen zu schlichten. So sprach er über einen Lästerer und einen Uebertreter der Sabbathsfeyer das Urtheil des Todes, und erkannte über die Erbschaftsangelegenheiten der Töchter Zelophehad. Er gab der Sinnlichkeit seines geistlosen Volks so weit nach, daß er sich eine Wohnung mit allen äusserlichen Merkmalen seiner persönlichen Gegenwart sowohl als seiner königlichen Würde errichten ließ, und nach der Weise der damaligen Fürsten wirklich Hoff hielt. In den Worten seines hierüber gegebenen Befehls: * „Sie sollen mir ein Hei„ligthum machen, daß ich unter ihnen wohne,“ heißt ναος βασιληκος sanctuarium, palatium regis, ein königlicher Pallast. Er hatte daselbst seinen Thron, der in der Schrift insgemein unter dem Namen des Gnadenstuhls oder des Throns der Glorie vorkommt. Doch wir wollen die hieher gehörigen Umstände lieber vom Rabbi Schemtob, einem der gelehrtesten jüdischen Gesetzkundigen, vernehmen, der sie in seinen Anmerkungen zu dem berühmten Buche MoreNevochim ** sorgfältig

---

* 2. Buch Mosis 25. K. 8. V.

** Rabbi Schem-Tob. Ad More Nevochim P. III. Cap. 45. Nach D. Outrams Uebersetzung beym Spencer.

H

aufgesammelt, und aneinander gereihet hat:
„Jehovah hat sich ein Haus bauen lassen,
„wie die Häuser der Könige zu seyn pflegen.
„In einem königlichen Pallaste wird alles ange=
„führte gefunden. Gewisse Leute sind zur Be=
„wachung des Hauses bestellt; andere bekleiden
„Aemter, die zur Würde der Krone gehören;
„andere bestellen die königliche Tafel, und andere
„die Musik. Auch ist daselbst ein besonderer
„Ort für die Zubereitung der Speisen bestimmt,
„und wiederum einer, wo der Weyhrauch an=
„gezündet wird, ein Tisch, und ein abgeson=
„dertes Gemach, das Niemand betreten darf,
„als der zweyte nach dem Könige, und
„dessen Lieblinge. Eben so wollte Jeho=
„vah, daß sich alles dieses in seinem Hause
„befände, damit er in keinem Punkte den ir=
„dischen Königen etwas nachgäbe. Er ist zwar
„ein so großer Fürst, daß er aller dieser Dinge
„nicht bedarf. Aber hieraus erklärt sich die Ur=
„sache des Unterhalts, der den Priestern und
„Leviten zu Theil wurde, und der hier dasje=
„nige vorstellen sollte, was jeder König
„seinen Ministern und Hofleuten aus=
„zuwerfen pflegt. Der eigentliche Zweck von
„allem diesen war, daß die Nation erkennen sollte,
„der König, das heißt, der Herr der Heerschaaren
„habe wirklich unter uns gewohnt.‟

War Jehovah König, so waren schon hier=
durch die Priester seine Minister, und die
Diener des Heiligthums seine Hofleute.
Der Bruder und Gehülfe des Gesetz=
gebers sammt seinen Nachkommen
wurde zu den ersten und der ganze
Stamm, dem sie angehörten, zu den
letzten Posten auf ewige Zeiten erho=
ben. Die Verfügung, die Jehovah hierü=
ber getroffen hat, ist zu merkwürdig, als daß
wir sie nicht mit ihren eigenen Worten anführen
sollten: * „Der Herr sprach zu Aaron: ——
„Du und deine Söhne mit dir sollt eures Prie=
„sterthums warten, daß ihr dienet in allerley
„Geschäft des Altars, und hinter dem Vor=
„hang; denn euer Priesterthum gebe ich euch
„zum Amte, zum Geschenke. Wenn sich
„ein Fremder herzunaht, der soll ster=
„ben. —— Aber deine Brüder des
„Stammes Levi deines Vaters sollst
„du zu dir nehmen, daß sie bey dir seyn
„und dir dienen; du aber und deine Söhne vor
„der Hütte des Zeugnisses; und sie sollen dei=
„nes Dienstes, und des Dienstes der ganzen
„Hütte warten. Doch zum Geräthe des Hei=

---

* 4. B. Mosis 18. K. 7. u. f. V.

„ltgthums und zum Altare sollen sie sich nicht
„machen, daß nicht beyde, sie und ihr sterbet;
„sondern sie sollen bey dir seyn, und des Dien-
„stes warten an der Hütte des Stifts, in al-
„lem Amt der Hütte, und kein Fremder soll
„sich zu euch nahen.“ Diese Verordnung,
durch welche die hebräische Hierarchie
zum Erbeigenthum eines Stammes
gemacht wurde, war die wesentlichste Stütze der
mosaischen Regierungsform. Die Ansprüche
des Klerus wurden hierdurch persönliche Rechte;
und die Herrschaft des Oberpriesters erhielt
eine doppelte Sanktion ihrer Unverlierbarkeit,
die durch Stand und Geburt zugesichert wurde.
Indeß da auch der unumschränkteste Despot
sich noch immer genöthiget sieht, seine Macht
fremden Händen anzuvertrauen, und sie
folglich mit eben so vielen Mitregenten zu theilen als er Minister und Staatsbeamten hat,
befand sich die gebietende (sowohl als der wichtigste Theil der ausübenden) Gewalt des jüdischen Staats in den Händen eines einzigen
Geschlechts. Die regierende Familie der
Priester hatte an den Leviten Gehülfen,
die sich nach dem Gesetze als ihre Diener betru-
gen, nach ihrem Stande aber und ihrer Abkunft
sich als Theilnehmer der priesterlichen Herrlichkeit ansehen mußten. Beyde Klassen fanden

hierdurch die Rechnung ihres Stolzes, und alle Glieder der hebräischen Hierarchie waren eben so genau durch ihren Vortheil, als durch ihre Würde und Verwandtschaft in einen moralischen Körper vereiniget, von dessen Einheit und Festigkeit man in allen künftigen Zeiten kein Beyspiel aufweisen kann, und an dessen Nachahmung die Politik der Päpste und Jesuiten bisher umsonst alle ihre Kräfte verschwendet hat.

Indessen ist es Thatsache, daß sich die ausübende Macht nicht immer beym hebräischen Klerus erhielt.   Es wurden bald nach der Einführung des mosaischen Gesetzes Heerführer, Richter und allerley Staatsbeamten aus den Stämmen der Layen erwählt, und nachdem das Volk mit dem Besitz eines Vaterlands und den Fortschritten im bürgerlichen Leben eine gewisse Art von Kultur angenommen hatte, wollte es einen sichtbaren und weltlichen Regenten, gleich allen übrigen Nationen, haben,* und die Priester sahen sich

---

* Der Gesetzgeber hatte diesen Fall vorhergesehen, und darüber vorläufige Maaßregeln genommen. Im 5. Buch Mosis 17. Kapitel ist folgendes zu lesen: „Wenn du ins Land kömmst, das dir der „Herr dein Gott geben wird, und nimmst es ein,

genöthigt, auf den Thron Jehovahs einen
Layen zu setzen, den sie vorher durch das heil.

„und wohnest darin, und wirst sagen: Ich will
„einen König über mich setzen, wie alle Völker
„um mich her haben; so sollt du den zum Kö-
„nig über dich setzen, den der Herr dein
„Gott erwählen wird. — Allein daß er
„nicht viel Rösser halte, und führe das Volk
„nicht wieder nach Aegypten um der Rösser
„Menge wegen. Er soll auch nicht viel Weiber
„nehmen, daß sein Herz nicht abgewandt werde,
„und soll auch nicht viel Silber und Gold
„sammeln. Und wenn er nun sitzen wird auf
„dem Stuhl seines Königreichs, so soll er dieß
„Gesetz von den Priestern und Leviten
„nehmen, und auf ein Buch schreiben lassen;
„das soll bey ihm seyn; und er soll darinnen le-
„sen sein Lebenlang. Er lerne fürchten den Herrn
„seinen Gott, und er halte alle Worte dieses
„Gesetzes und dieser Rechte, daß er darnach
„thue.“ — 19. Vers. Auch selbst unter diesen
Bedingungen hatte Jehovah den Israeliten
ihren ersten König nur im Zorne gegeben.
Nichts hätte den Unwillen, den ihm das unge-
stüme Anhalten des Volks um einen König
aus seinem Mittel verursachte, deutlicher
an Tag legen können, als die Worte, mit denen
er seine Einwilligung gab, und den beküm-
merten Priester tröstete: „Sie haben nicht
„dich, sondern mich verworfen, daß ich nicht
„sollte König über sie seyn. Sie thun dir, wie sie
„gethan haben von dem Tag an, da ich sie aus

lige Oehl der Salbung gleichsam unter die
Ihrigen aufgenommen haben, der aber auch

„Aegypten führte, bis auf diesen Tag, und ha-
„ben mich verlassen und fremden Göttern
„gedient. So gehorche nun ihrer Stimme, und
„verkündige ihnen das Recht des Königes,
„der über sie herrschen wird. Und Samuel
„sagte alle Worte des Herrn dem Volke, das
„von ihm einen König forderte: Das wird des
„Königs Recht seyn, der über euch herrschen
„wird: Eure Söhne wird er nehmen zu seinen
„Wagen und Reutern, die vor seinem Wagen
„hertraben — Eure Töchter aber wird er neh-
„men, daß sie Apothekerin, Köchin und Becke-
„rin seyn. Eure besten Aecker und Weinberge
„und Oelgärten wird er nehmen, und seinen
„Knechten geben — und ihr müsset seine
„Knechte seyn. Wenn ihr schreyen werdet
„zu der Zeit über euern König, den ihr euch
„erwählet habt, so wird euch der Herr in
„derselben Zeit nicht erhören.“ 1. Buch Sa-
muelis 8. Kap. 7 — 18. Vers. Man vergleiche das hier definirte Königsrecht mit
der oben angeführten Bestimmung und Einschränkung der königlichen Gewalt,
5. Buch Mosis 17. Kapitel — auch ver-
gesse man nicht, daß nicht das Volk, sondern
der Priester, oder Jehovah den Saul
und nachmals David und sein Geschlecht zum
Throne gewählt habe, so wird man die rhe-
torische Figur in der Anrede Samuels
an das Volk nicht verkennen.

auf alle geſetzgebende Macht Verzicht thun,
und ſich mit der Verwaltung der Staatsgeſchäfte
unter ihrer Aufſicht begnügen mußte, und
dem ſie, wie die Geſchichte zeigt, ihr göttliches
Anſehen auf eine fürchterliche Weiſe fühlen
ließen, wenn er das Unglück hatte, kein Mann
nach ihrem Herzen zu ſeyn.　　Allein ſo
gewiß es iſt, daß ſie dieſen weltlichen
Reichsverweſer Jehovahs, allen Ein-
ſchränkungen ſeiner Macht ungeachtet, nur gezwungen duldeten; ſo deutlich erhellt aus
der Geſchichte, daß ſie gleich vom Anfange ihrer Theokratie alle untergeordneten
Staatsbedienungen mit gutem Willen und Vor-
ſaß den Layen überlaſſen haben.　　Indem ſie
das Volk durch die Aelteſten und Gottſe-
ligſten aus jedem Stamme führen und richten ließen, wurde die Laſt ihrer Regierung ſowohl ihnen ſelbſt als ihren Unterthanen
leichter.　　Sie mußten es überdieß nicht nur ihrer
Würde angemeſſener, ſondern auch viel
bequemer finden, die kleinen Geſchäfte und
Streitigkeiten ihres bösartigen Volks den Un-
heiligen zu überlaſſen.　　Es war endlich durch
das ganze moſaiſche Geſetz hinlänglich dafür ge-
ſorgt, daß ſie bey allem, was ſie den Layen
wirklich, oder zum Scheine, freywillig oder gezwungen einräumten, wenig oder nichts verlie-

ren konnten. Denn durch die Einführung der
Theokratie waren sie nicht nur die ersten
Diener, sondern auch die unmittelbaren
Stellvertreter des unsichtbaren Mo-
narchen geworden — die sichtbaren
Stätthalter Jehovahs, denen er allen
Genuß und alle Verwaltung seiner kö-
niglichen Rechte überlassen hatte.

Nach den Begriffen der damaligen Zeit war
Jehovah, als politischer König, Ei-
genthumsherr von allen Gütern, dem Lande, und selbst den Personen seiner Unterthanen.
Er begnügte sich aber (ebenfalls nach der Sitte
der damaligen Regenten) damit, daß er sich von
seinem ganzen Eigenthume, nur das Beste und
die Erstlinge zu seinem wirklichen Gebrauche
von den Juden abreichen ließ. Dieser Gebrauch
nun war kein anderer, als daß er alle jene königliche Einkünfte den Priestern schenkte.
„Sieh (sprach er zu Aaron) ich habe dir gege-
„ben mein Hebopfer von allem, was die Kin-
„der Israel heiligen, für dein priesterlich Amt,
„und deinen Söhnen zum ewigen Recht. Das
„sollst du haben von dem Allerheiligsten, das sie
„opfern, mit allen ihren Sühnopfern, mit allen
„ihren Speisopfern, mit allen ihren Schuld-
„opfern — — Die erste Frucht alles dessen,

„was im Lande ist — alles Erstgeborne unter
„allem Fleisch, es sey Mensch oder Vieh." — *
Auch die Leviten sollten als seine Hofbe-
dienten auf Kosten des Staats leben; und zu
ihrem Unterhalte wurde der Tribut des Zehnten angewiesen, der bereits von undenklichen
Zeiten her bey vielen andern Völkern eingeführt
war. — „Den Kindern Levi aber habe ich
„alle Zehnten gegeben in Israel zum Erbgut für
„ihr Amt, das sie thun an der Hütte des
„Stifts." ** Zum Zeichen endlich, daß die
Hierarchie in die Rechte desjenigen eingetre-
ten war, dem alles angehörte, durften
weder die Priester noch Leviten ein besonderes Landeigenthum besitzen: „Du sollst im Lan-
„de nichts besitzen, auch keinen Theil unter ih-
„nen haben; denn ich bin dein Theil und dein
„Erbgut unter den Kindern Israel." *** Wenn
man bedenkt, daß es bey der Entrichtung aller
dieser Abgaben, dieser Erstlinge und Zehnten
keineswegs auf den guten Willen der Juden an-
kam, und daß diese Gaben nichts weniger als
freywillige Opfer waren, sondern für ein ewi-

---

* 4. B. Mosis 18. Kap. 9. u. f. V.

** Ebendaselbst.

*** Ebendaselbst.

ges Recht, Erbgut und Eigenthum des
Klerus erklärt wurden: so sieht man, daß
dieser letztere hierdurch eine Art von Unabhängigkeit in Absicht aller seiner Bedürfnisse ge-
wann, deren sich nur der unumschränkteste
Oberherr eines despotischen Staats
rühmen konnte.

Eben so vollkommen hatte Jehovah auch
die Verwaltung seiner königlichen
Machtvollkommenheit auf die Priester
übertragen.   Ein Volk, welches seiner Gottheit
den politischen Scepter übergiebt, er-
kennt zwar schon hierdurch den Oberpriester
für den sichtbaren Reichsverweser, und
den Klerus für die höchste menschliche
Macht im Staate.   Allein da dieser letztere
Umstand die Grundlage der hebräischen
Staatsverfassung werden sollte, so wurde
er auch bey der Gesetzgebung mit einem Nach-
drucke festgesetzt und einer Deutlichkeit
erklärt, die seiner Wichtigkeit angemessen war.
Moses hatte, so lange er lebte, das Amt eines Königs verwaltet, * welches er unmit-

* Wie er sich, wann er anders selbst der Verfasser
des Deuteronomiums oder des fünften
Buchs Mosis ist, daselbst 33. Kap. 4. V. aus-

telbar von Jehovah selbst erhalten hat. Er
war der einzige, der seine Verhaltungsbefehle
unmittelbar von Jehovah einholte: „der
„einzige Prophet in Israel, der den Herrn von
„Angesicht zu Angesicht erkannt hatte." * Er
war nach Jehovahs Ausdruck der Gott seines
Bruder Aarons, ** der sehr beredt war, und
an seiner Stelle zum Volk sprechen mußte. Dieser Aaron sowohl als sein Sohn und Nachfolger Eleasar empfingen nicht nur ihre Einweihung zum Priesterthume aus den
Händen Mosis, sondern hingen mit der ganzen Verwaltung ihres Amtes von den
Befehlen ab, die er ihnen im Namen Jehovahs vortrug. Allein er hatte es noch bey
seinen Lebzeiten veranstaltet, daß die Würden
eines Gesetzgebers und Heerführers die

druckt: „Mose hat uns das Gesetz gebothen
„dem Erbe der Gemeine Jacobs, und er ver-
„waltete das Amt eines Königs und
„hielt zusammen die Häupter des Volks und die
„Stämme Israel."

* „Und es stund hinfort kein Prophet in Israel
„auf, wie Mose, der den Herrn erkannt hätte
„von Angesicht zu Angesicht." 5. Buch Mosis
34. Kap. 10. V.

** 2. Buch Mosis 4. K. 16. V.

er in seiner Person vereinigte, nach seinem
Tode zertheilt wurden. Die eine, als die
Göttliche, wurde dem Hohenpriester
und dessen Nachfolgern, die andere, bloß
Menschliche, seinem Waffenträger Josua zu Theil, der sich durch viele Proben krie-
gerischer Talente, und seine Anhänglichkeit gegen das Heiligthum, als einen Mann bewiesen
hatte, in dem der Geist war. Josua
wurde nicht mehr, wie Moses, von Jehovah selbst, sondern vom Hohenpriester be-
lehnet, und hing von demselben, nicht nur in
Rücksicht auf seine Bestätigung, sondern
auch auf die ganze Führung seines Amts
ab. Von ihm mußte er seine Verhaltungsbefehle einholen, durfte ohne dessen ausdrückliche
Bewilligung keinen Schritt von Wichtigkeit
thun, und war folglich nichts weiter, als der
erste Unterthan der Hierarchie. * „Der
„Herr sprach zu Mose: Nimm Josua zu dir,
„den Sohn Nun, der ein Mann ist, in dem
„der Geist ist, und lege deine Hände auf ihn
„und stell ihn vor den Priester Eleasar, und vor
„die ganze Gemeine, und gebeut ihm vor ihren
„Augen, und lege deine Herrlichkeit auf ihn,
„daß ihm gehorche die ganze Gemeine der Kin-

---

* 4. B. Mosis 27. K. 18. u. f. V.

„der Israel. Und er soll treten vor den
„Priester Eleasar, der soll für ihn
„Rath fragen nach dem Urim und
„Thumim, der Weise des Lichts und
„Rechts. Nach desselben Mund sol-
„len aus und einziehen er und alle
„Kinder Israel mit ihm und die gan-
„ze Gemeine.“ — Moses war nach Jehovahs Mund selbst aus und eingegangen
— was also Jehovah für ihn war, das
wurde der Hohepriester für den Josua und
den jeweiligen Heerführer von Israel und die
ganze Gemeine — der Gott Josuas, so
wie Moses der Gott Aarons. *

Gleichwie der Heerführer Israels dem Hohenpriester, so waren die übrigen Richter und
Häupter des Volks den Priestern und
Leviten untergeordnet. Jehovahs Verordnung über diesen wichtigen Punkt steht im
5. Buch Mosis 17. Kap. 8. V. und heißt
von Wort zu Wort: „Wenn eine Sache vor

* Wem fällt nicht hier der römische Vicarius Christi ein, der eine Zeitlang den vicarium Dei in
spiritualibus et temporalibus generalem mit so
gutem Erfolg spielte — und dem man so lange
die temporalia vergebens streitig machen wird,
als man ihm die spiritualia einräumt.

„Gericht dir zu schwer seyn wird zwischen Blut
„und Blut, zwischen Handel und Handel, zwi-
„schen Schaden und Schaden, und was zänki-
„sche Sachen sind in deinen Thoren: so sollt du
„dich aufmachen, und hinauf gehen zu der
„Stätte, die der Herr dein Gott erwählen wird,
„und zu den Priestern, den Leviten, und dem
„Richter der zu derselben Zeit seyn wird, kom-
„men und fragen; die sollen dir das Urtheil spre-
„chen; und du sollst thun nach dem, was sie die
„sagen werden, an der Stätte, die der Herr
„erwählt hat, und du sollst halten, daß du thust
„nach allem was sie dich lehren werden. Nach
„dem Gesetz, das sie dich lehren, und nach dem
„Recht, das sie dir sagen, sollst du dich halten,
„daß du nicht abweichest weder zur Rechten noch
„zur Linken. Und wo jemand vermessen handeln
„würde, daß er dem Priester nicht gehorchete,
„der daselbst in des Herrn deines Gottes Amt
„steht, oder dem Richter, der soll sterben, und
„sollst den Bösen aus Israel thun, daß alles
„Volk es höre und fürchte sich, und nicht mehr
„vermessen sey." — So lange Moses lebte,
hatte Jehovah selbst durch den Mund desselben die Streitigkeiten, von denen hier die Rede
ist, entschieden, und bey vorkommenden Fällen
den zweifelhaften Sinn seines Gesetzes erklärt.
Es war dieses das Vorrecht des Monarchen und

Geſetzgebers; welches aber nach Moſis Tod
an die Prieſter und Leviten übertragen
wurde, von deren Entſcheidungen von nun an,
wie vormals von den Entſcheidungen Gottes,
keine fernere Appellation ſtatt finden konnte.

Die hebräiſche Hierarchie befand ſich
alſo wirklich im Beſitze aller Vortheile und Ge-
rechtſamen, welche nach den Begriffen der damaligen Zeit mit der königlichen Würde verbunden
waren. Sie hatte die Gewalt Jehovahs in
ihren Händen, und war durch dieſelbe das ſicht-
bare Oberhaupt des Staats, ihre Gehülfen,
Verweſer, und Beamten unter den Layen mochten Heerführer, Richter, oder gar Könige heiſſen. So lange die politiſche Regierung Jehovahs dauerte, (und ſie dauerte, einige Zwiſchenräume ausgenommen, ſo
lange bis ſie von den Römern übernommen
wurde) ſo lange blieb der hebräiſche Staat ein
prieſterliches Königreich trotz allen Veränderungen, die in ſeinen äuſſeren Regierungsformen, und in ſeinen übrigen Schickſalen vor-
gingen.

Der Volksglauben, auf den allein Prieſter-
herrſchaft ſich gründen läßt, hatte alſo bey den
Hebräern eine weit größere und dauerhaftere

Rolle zu spielen, als bey jedem andern Volke
der Welt. Wenn er gleich bey den Aegyptiern, Griechen und Römern selbst zur ersten
Grundlegung und Einführung der politischen
Verfassungen unentbehrlich war: so war er doch
in eben dem Verhältnisse, als diese Staaten mit
der fortschreitenden Zunahme ihrer Kräfte die
Mittel ihrer Erhaltung in sich selbst antrafen,
denselben immer entbehrlicher geworden. Bey
den Hebräern hingegen war und blieb er die
einzige Stütze der Constitution, die
höchste Sanktion der Gesetzgebung,
die einzige Quelle der obrigkeitlichen
Gewalt, die einzige Gewährleistung
alles Eigenthums, aller Rechte und Ansprüche
von Regenten und Unterthanen. Wäre er durch
ein Wunder plötzlich dem ganzen Volke genommen worden, so hätte dasselbe in eben dem Augenblicke in den Zustand versinken müssen, in
welchem es Aegypten verlassen hat, in den
Zustand entlaufener Sklaven ohne Sitten, ohne
Gesetze, und dem nächsten besten Betrüger Preis
gegeben, der ihnen im Namen von irgend einem Fetische neue Fesseln angelegt haben
würde, wenn ihnen nicht etwa der Gott
ihrer Väter einen andern Moses zugesandt
hätte.

War also die Einführung der größern Mysterien bey irgend einem Volke nothwendige Folge der politischen Unentbehrlichkeit des blinden Glaubens: so scheint dieses um so viel mehr bey den Hebräern der Fall gewesen zu seyn. Das Heiligthum der mosaischen Religion war zugleich das Kabinet des Staats, aus welchem die Regierung nach den Absichten des Priesterthums geführt, und der Volksglauben nach den Absichten der Regenten gelenkt werden mußte. Religion und Politik hatten hier nur einerley Geheimnisse, und folglich auch einen gemeinschaftlichen Schlüssel, der sich in den Händen der Häupter des Staats befinden, und von denselben ihren Nachfolgern überliefert werden mußte.

Vierter Abschnitt.

Vom Sanhedrim.

Iudaeorum plebem quidem ritibus omnibus quo-
modo legum ipſarum verbis concepti erant, *Me-*
ſes obſtrictam teneri juſſit. Caeteros autem, quorum mens eſſet virtusque firmior, *cum eo cortice*
liberatos eſſe, tum ad diviniorem aliquam et hominum *vulgo ſuperiorem Philoſophiam* aſſueſcere,
et in altiorem legum earum ſenſum mentis oculo
penetrare voluit. *Euſebius Praeparat. Evangelic.*
L. 7. C. 10.

Die älteſte Staatsverfaſſung von Aegypten
war nicht nur in ihrem Urſprunge, ſondern auch
in ihrem Fortgange eine geraume Zeit hindurch
theokratiſch. Während dieſes Zeitraums
waren die Prieſter die einzigen ſichtbaren Regenten, Obrigkeiten und Richter. * Allein ſie
waren es nur in der Eigenſchaft der Vertrauten und Bevollmächtigten der einhei-

---

* Aelianus Var. Hiſtor. L. 14. C. 34.

mischen Götter. Sie mußten also bey dem
Volke Meynungen ausbreiten und unterhalten,
die sie unter sich selbst nicht für wahr halten
konnten. Sollte dasjenige, was das Volk von
ihren Verhältnissen mit den Göttern glauben
mußte, auch auf ihre Nachfolger forterben;
wollten sie überhaupt Nachfolger hinterlassen;
so konnten sie das, was sie von jenen Verhältnissen wußten, weder ganz bey sich behalten,
noch jedermann ohne Unterschied mittheilen; so
wurde die Einführung einer geheimen und
esoterischen Lehre für die regierenden
Priester, neben der öffentlichen und exo-
terischen für das Volk, unvermeidlich. Die
Erhaltung der Volkslehre hing von der
Fortpflanzung der Geheimlehre ab, und die
ägyptischen Mysterien wurden das erste
Beyspiel eines heiligen Staatskabinets.
Die ägyptische Theokratie hatte zwar zu
Mosis Zeiten schon lange aufgehört: aber
die Mysterien bestunden noch immer. Sie
hatten zwar ihren vorigen Einfluß auf den Staat,
aber nicht das Andenken und die Urkunden desselben
verloren, und ein Eingeweihter, der sich
etwa berufen gefühlt hätte, bey irgend einem
andern Volke eine neue Theokratie zu stiften,
würde eben in der geheimen Geschichte
der Mysterien die Ursachen von dem Ver-

falle des Priesterregiments, und die Mittel
demselben vorzubeugen gefunden haben.

Wahrscheinlicher Weise hatten die alten ägyptischen Priester nicht vorhergesehen, daß es
ihnen mit der Zeit unmöglich seyn würde, ihren gläubigen Unterthanen alles in allem zu seyn.
Mit den Fortschritten der Kultur, und der all-
mählichen Vermehrung der gesellschaftlichen Bedürfnisse zeigte sich erst die Nothwendigkeit, die
Besorgung der bürgerlichen Angelegenheiten in
mehrere Posten zu vertheilen, die sich
nicht immer mit der Würde, der Bequemlich-
keit, und den Geschäften des Priesterthums
vertrugen. Vornehmlich hatte das überhand neh-
mende Bedürfniß, den Staat gegen feindliche
Anfälle zu vertheidigen, den Krieg zum Ge-
schäfte eines besondern Standes ge-
macht, der allen übrigen eben so fürchterlich als
unentbehrlich werden mußte. Die Priester
sahen sich also genöthigt, ihre Herrschaft mit
dem Manne zu theilen, der Muth und Ge-
schicklichkeit genug besaß, sie und ihre Unterthanen bey eindringender Gefahr zu retten,
und der zu diesem Zwecke über die ganze Kriegs-
macht seines Vaterlands zu gebieten hatte. Es
mußte also der Zeitpunkt für Aegypten ein-

treten, von dem uns Plutarch * folgenden
Bericht aufbehalten hat: „Die Könige wur=
„den entweder aus der Priesterschaft, oder
„dem Soldatenstande gewählt, weil man
„den einen Stand seiner Weisheit, und den an=
„dern seiner Tapferkeit wegen vorzüglich ehren
„zu müssen glaubte. Geschah es aber, daß
„man einen Soldaten zur Regierung
„nahm, so wurde er sogleich in das
„Kollegium der Priester einge=
„führt, und in ihrer geheimen Phi=
„losophie unterrichtet, einer Lehre, die
„unter der Einkleidung von Fabeln und Allego=
„rien mancherley Thatsachen enthielt, und zwar
„wirkliche Wahrheiten offenbarte, aber auch zu=
„gleich unter einen dunkeln Schleyer des Ge=
„heimnisses verhüllte.“

Dieß war also der Weg, auf welchem die
Layen zuerst ins Heiligthum geführt wur=
den. Ihre Einweihung in den Mysterien
war zugleich ihre Erhebung zu den höchsten
Staatswürden, und in eben dem Augenblicke,
da ihnen die Geheimnisse enthüllt wurden, waren
sie Theilnehmer der gesetzgebenden Macht. Die
Maaßregeln der Vorsicht, welche die Hierar=

* Libro de *Iside* et *Osiri*.

chie bey diesem gefährlichen Schritte zur Sicherheit ihrer Machtvollkommenheit hätte ergreiffen
müssen, kamen erst nach und nach durch eine
Reihe von Erfahrungen zum Vorscheine, welche
zwar die Eingeweihten belehrten, was sie hätten
thun sollen, aber zugleich den Grund enthielten,
warum sie es nicht mehr thun konnten. — Der
Nutzen dieser Belehrungen war dem Stifter einer
neuen Theokratie unter einem andern Volke
aufbehalten.

Der Gesetzgeber der Hebräer war
von der Nothwendigkeit, auch Layen unter
gewissen Einschränkungen an der Regierung Theil nehmen zu lassen, viel zu
sehr überzeugt, als daß er nicht gleich bey der
ersten Anlage seines neuen Staatssystems darauf
Rücksicht genommen hätte. Er kannte die Vortheile, welche die Hierarchie von dem Ansehen der Aeltesten im Volke, und der Häupter der Stämme und Familien, und von
den außerordentlichen Talenten, die sich von Zeit
zu Zeit unter den Layen hervorthun würden,
ziehen könnte. Nichts mußte ihm also erwünsch-
ter seyn, als der Befehl Jehovahs: *
„Sammle mir siebenzig Männer unter

* 4. B. Mosis 11. K. 16. V.

„den Aeltesten in Israel, die du weißt,
„daß sie die Aeltesten im Volke und seine Amt-
„leute sind, und nimm sie vor die Hütte des
„Stifts, und stelle sie daselbst vor dich: so will
„ich hernieder kommen, und mit dir selbst reden,
„und deines Geistes, der auf dir ist,
„nehmen, und auf sie legen, daß sie
„mit dir die Last des Volks tragen,
„und du sie nicht allein tragest.“
Diese siebenzig Männer erhielten also
durch diese Verordnung Jehovahs einen Antheil an der Regierung, den sie vorhin selbst als
Aelteste und Amtleute des Volks noch nicht
hatten, und es wurde ihnen zu diesem Behufe
etwas von dem Geiste des Gesetzgebers,
das heißt von seinen Einsichten, seinem Zwecke,
seinem Plane, kurz, Aufschlüsse über Dinge,
die ihnen vorher unbekannt waren, und die für
das Volk auf immer Geheimnisse bleiben mußten,
mitgetheilt. Sie sollten Gehülfen des Regenten
seyn, doch so, daß mehr die Lasten als die Vortheile der Oberherrschaft auf ihre Rechnung kä-
men; „daß sie mit dir die Last des
„Volks tragen.“ Sie erhielten nur den un-
tersten Grad der größern Mysterien.

Bey der feyerlichen Einführung der
Theokratie, als die ganze Nation zum Vol-

ke Gottes und zum priesterlichen Königreiche eingeweiht wurde, erhielten schon die
siebenzig Aeltesten einen höhern Grad
von Initiation als das übrige Layenvolk. *
„Moses heiligte das Volk —— und sie wuschen
„ihre Kleider —— und er führte sie aus dem La-
„ger Gott entgegen, und sie traten unten an den
„Berg. Aber zu Mose sprach der Herr: Steig
„herauf zum Herrn du und Aaron und Na-
„dab und Abihu, und die siebenzig Ael-
„testen Israels, und betet an von ferne.
„Aber Mose allein nahe sich zum Herrn, und
„laß jene nicht herzunahen, und das Volk kom-
„me auch nicht mit ihm herauf. —— Da stiegen
„Mose, Aaron, Nadab und Abihu,
„und die siebenzig Aeltesten Israels
„hinauf, und sahen den Gott Israels.
„Unter seinen Füßen war es wie ein schöner Sa-
„phyr, und wie die Gestalt des Himmels,
„wenns klar ist. Und er ließ seine Hand nicht
„über die Obersten in Israel, und da
„sie Gott geschaut hatten, aßen und
„tranken sie.“ Es bedarf kaum einer Er-
innerung, daß die siebenzig Männer bey
dieser Gelegenheit den Gott Israels weder
wie Moses von Angesicht zu Angesicht gese-

* 2. B. Mosis 19. K. 17. B. 24. K. 1, 9, 10. B.

hen, noch wie die Priester im Allerheiligsten, gehört haben. Indessen erfuhren
sie doch mehr von ihm, als alle übrigen Layen,
und empfingen gewisse gemeinschaftliche Aufschlüsse
mit den Priestern, die sich Jehovah näher-
ten. Eben dieses erhellt auch aus den Umständen, die uns das 4. Buch Mosis 11. Kapitel von dem Gepränge aufbehalten hat,
womit die siebenzig Männer in ihre Würde eingesetzt wurden. „Und Mose ging her-
„aus, und sagte dem Volke des Herrn Wort,
„und versammelte die siebenzig Männer
„unter den Aeltesten des Volks, und stellte
„sie um die Hütte her. Da kam der Herr her-
„nieder in der Wolke und redete mit ihm; und
„nahm des Geistes, der auf ihm war,
„und legte ihn auf die siebenzig älte-
„sten Männer; und da der Geist auf
„ihnen ruhte, weissagten sie und hör-
„ten nicht auf." Sie wurden also nicht in
das Heiligthum eingeführt, aber doch um
dasselbe herum gestellt. Jehovah sprach
nur durch den Moses mit ihnen, aber er war
doch in eigener Person in der Wolke hernieder
gefahren, um ihre feyerliche Einsetzung mit seiner
Gegenwart zu verherrlichen. Es wurde nicht
der ganze Geist des Gesetzgebers auf
sie gelegt, aber doch von dem Geiste, und

folglich wurde ihnen zwar nicht das vollstän-
dige Geheimniß, aber doch immer ein Geheimniß geoffenbaret. — denn: „Da
„der Geist auf ihnen ruhte, weissagten sie und
„hörten nicht auf."

Dieses Kollegium der siebenzig
Männer hat zwar aller Wahrscheinlichkeit
nach in der Folge den Schlüssel zu seinen Geheimnissen, aber keineswegs sein alt-
hergebrachtes Ansehen verloren. Es erhielt sich unter dem Namen des Sanhe-
drims oder des großen Raths bis zum
Untergange des jüdischen Staats. So lange dauerte seine Macht, der sich selbst die
Könige unterwerfen mußten, aber auch seine
Abhängigkeit von den Priestern, ohne
deren Beystimmung keine seiner Entscheidungen
rechtskräftig war. Noch in den letzten Zeiten
der Nation wurde der König Herodes vor
diesem Gerichte angeklagt, und fand kein anderes Mittel, sich der Gerichtsbarkeit und stren-
gen Ahndung desselben zu entziehen, als den ra-
schen Entschluß, die siebenzig Männer,
und den Priester Aristobulus an ihrer
Spitze zugleich erwürgen zu lassen. * Uebrigens

* Iosephus L. 14. C. 17.

war diese Versammlung für die Absichten der
hebräischen Hierarchie nicht weniger
brauchbar geworden, seitdem der Antheil mosaischen Geistes, der bey ihrer Einsetzung
auf sie gelegt wurde, wieder von ihr gewichen
war. Das Sanhedrin hielt sich darum nur
desto fester an den Buchstaben des Gesetzes, und übte sein Richteramt über alle
Meynungen, die sich mit dem vorgeschriebe-
nen Glaubensbekenntnisse nicht zu vertragen schie-
nen, mit dem Eifer und der unerbittlichen Strenge eines römischen Ketzergerichts aus.
Die Sache der Theokratie, welche in den
ersten Zeiten forderte, daß die siebenzig
Männer zum Theil die Dinge sehen sollten,
wie sie an sich selbst waren, hatte nachmals weit mehr dabey zu gewinnen, wenn diese
Staatsinquisitoren im blinden Glauben wandelten; und es ist nicht unwahrschein-
lich, daß das Sanhedrim seine nachmali-
ge Orthodoxie, so wie seine vormalige
Epoptie den Statthaltern Jehovahs
zu verdanken hatte.

Fünfter Abschnitt.
Von der Schule der Propheten.

Ad ſimilitudinem et umbram quandam coeleſtium ſerviebant *ſacerdotes Iudaeorum, in ARCANO intellectum ſacrorum Legitimorum enarrantes,* et quidnam ſignificaretur per ea. Origenes L. 5. contra Celſum.

Weit länger ſcheint ſich der Geiſt des hebräiſchen Geſetzgebers bey einem zweyten Inſtitute erhalten zu haben, das den zweyten Grad der größern Myſterien der Hebräer vorſtellen kann. Es iſt dieſes die Schule der Propheten. Sie wird in den heiligen Büchern nur ſehr ſelten, und immer nur im Vorbeygehen auf die Bahn gebracht. Man findet auch nirgends eine Spur davon, daß ſie auf Befehl Jehovahs geſtiftet worden wäre. Wahrſcheinlich war dieſer letztere Umſtand der Grund, warum der eben ſo gelehrte als ſcharfſinnige P. Simon Richard, Prieſter des Oratoriums, in ſeiner Litterargeſchichte des alten Teſta

ments, kein Bedenken trägt, den ägyptischen Ursprung dieser Schule anzuerkennen. * „Die Aegyptier,“ sagt er daselbst,
„unter denen Moses auferzogen wurde, hat-
„ten besondere Priester, denen sie den
„Namen der heiligen Schreiber ἱερο-
„γραμματος beylegten, und deren vornehmste
„Amtspflicht war, das merkwürdigste von allem,
„was den Zustand der Religion betraf, aufzu-
„zeichnen. Diodor von Sicilien scheint
„sich nicht wenig darauf einzubilden, daß er der er-
„ste sey, der seine Geschichte aus solchen ägyptischen
„Urkunden gezogen hat. Die meisten seiner
„Vorgänger hatten anstatt der Begebenheiten
„der ältesten Zeiten nichts als Fabeln geliefert.
„Sie konnten auch nicht wohl anders, weil
„die Vorfahren der Griechen nicht wie die al-
„ten Aegyptier ihre heiligen Archive unterhiel-
„ten, in welchen die Urkunden der Vorzeit auf-
„bewahret wurden. Es hat also das Ansehen,
„Moses, der an dem ägyptischen Hofe eine
„Zeitlang gelebt hatte, und in dessen Person
„alle Eigenschaften eines großen Gesetzgebers
„vereinigt waren, habe gleich bey der ersten
„Einrichtung seiner neuen Staatsverfassung
„diese Gattung von heiligen Schreibern einge-
„führt.“

* Histoire critique du Vieux Testament L. 1. C. 4.

Bestimmter und bedeutungsvoller ist die Nachricht, die uns der Geschichtschreiber Josephus von diesen Hierogrammaten, oder Hagiographen der Hebräer giebt: *„Bey den Juden war nicht jedermann ohne „Unterschied gestattet, Geschichte zu schreiben; „sondern dieß war den Propheten allein „vorbehalten, welche die entfernten „und künftigen Begebenheiten durch „göttliche Eingebung wußten, und „zugleich mit dem, was zu ihren Zei„ten geschah, aufzeichneten." **

„Diese heiligen Schreiber (fährt P. „Simon fort) hießen, nach dem Zeugnisse „des Josephus, Propheten, und ich „glaube, daß die Juden auch die historischen „Bücher der Bibel aus keiner andern Ursache „Propheten nennen, als weil sie von Leu„ten geschrieben wurden, die man Propheten „nannte. Der heilige Petrus begreift „das ganz. alte Testament unter dem Na-

---

* Iosephus L. 1. contra Apionem.

** Es war unstreitig kein kleiner Staatsfehler der römischen Hierarchie, daß sie diese Vor-sicht ihren Vorgängern nachzuahmen ver-nachläßigte.

„men Prophetie. Samuel, Nathan,
„Gad, Ahia, Ado, welche die Geschichte
„ihrer Zeiten geschrieben haben, führen auch
„aus keinem andern Grunde in der heiligen
„Schrift den Namen der Propheten. — Das
„hebräische Wort Nabi, welches in der Sep-
„tuaginta mit Prophet verdollmetschet wird,
„bedeutet übrigens seinem ursprünglichen Sinne
„nach ebenfalls einen Redner, oder eine Person,
„die in öffentlichen Versammlungen das Wort
„führt. Und wirklich waren auch die Prophe-
„ten bey den Hebräern die öffentlichen
„Redner, die in der Eigenschaft göttlicher
„Dollmetscher oder Abgesandten dem
„Volke den Willen Gottes vorzutra-
„gen hatten.“

Aus allen diesen Umständen, die weder eines weitern Beweises noch einer Erörterung
bedürfen, ergiebt sich, daß die Prophetenschule eine Gesellschaft von Gelehrten war,
welcher das Recht zu schreiben, und zu pre-
digen ausschließungsweise zukam, und
die wahrscheinlicher Weise von ihrer Nebenbe-
stimmung, Zöglinge für diesen doppelten Beruf
zu bilden, den Namen einer Schule erhalten
hat. Das politische Bedürfniß der Hierarchie forderte schlechterdings nicht nur, daß

eine solche Gesellschaft errichtet wurde, sondern
auch, daß die Glieder derselben der Aufsicht der
Priester unterworfen, und daß die bereits aus-
gebildeten Zöglinge in den Geheimnissen
des Heiligthums unterrichtet wurden. Die
Schriftsteller und Redner der Hebräer würden den Vortheilen der Hierarchie entgegen
gearbeitet haben, wenn sie nicht unmittelbar von den Priestern abgehangen
hätten. Sie hätten aber auch für die Vortheile derselben nichts Beträchtliches unterneh-
men können, wenn sie von den größern Mysterien ausgeschlossen, in einer tiefen Unwissenheit des mosaischen Plans und der
hierarchischen Absichten geblieben wären.
Alles, was man in den historischen sowohl
als rednerischen Schriften dieser Propheten antrift, noch mehr aber das, was man
in der hebräischen Geschichte vermißt,
beweiset, wie tief ihre Schule in den Geist
des Gesetzgebers eingedrungen war. ——

Ungeachtet die Erwähnung, welche im 1
Buche Samuels 19 Kapitel 18 und
f. V. von dieser Schule vorkömmt, nur ge-
legenheitlich ist; so verbreitet sie dennoch über
die Beschaffenheit derselben und ihren
Zusammenhang mit der Theokratie so

viel Licht, als unsre Behauptungen wahrscheinlich in Absicht auf viele Leser noch bedürfen
könnten. Wir wollen die Exegese dieser
Stelle von einem Theologen entlehnen, der
den Freunden des auserwählten Volks nichts
weniger als verdächtig seyn kann. Sie ist
überdieß so einleuchtend die einzig mögliche, daß
wir sie ohne Bedenken für die unsrige hätten
ausgeben können, wenn wir nicht glaubten,
daß sie durch das Ansehen und den geschickten
Vortrag eines Warburton jenes Gewicht erhalten müßte, das sie unter unsern Händen
verlieren würde. Dieser größte unter allen
Vertheidigern der Göttlichkeit der mosaischen Sendung hatte die Schule der Propheten für eine von Jehovah selbst ver-
anstaltete Stütze der Theokratie angegeben. Den Beweis dieser Behauptung zieht
er aus der erwähnten Stelle beym Samuel,
die er zu diesem Behufe ziemlich weitläuftig
erklärt. Wir begnügen uns, nur dasjenige
davon auszuheben, was unmittelbar zu unsrer
Absicht gehört. Vor allen wollen wir die
Stelle selbst hersetzen.

„David aber entfloh (der Verfolgung
„Sauls) und entrann, und kam zu Sa-
„muel (seinem Beschützer) gen Rama, und

„sagte ihm an alles, was ihm Saul gethan
„hatte, und er ging hin mit Samuel, und
„sie blieben zu Najoth. Und es ward Saul
„angesagt: Sieh! David ist zu Najoth
„in Rama. Da sandte Saul Bothen, daß
„sie David holten. Und sie sahen zween
„Chor Propheten weissagen, und Sa-
„muel war ihr Aufseher. Da kam
„der Geist Gottes auf die Bothen
„Sauls, daß sie auch weissagten. Da
„das Saul ward angesagt, sandte er andere
„Bothen, die weissagten auch. Da sandte er
„die dritten Bothen, die weissagten auch. Da
„ging er selbst auch gen Rama, und da er
„kam zum großen Brunnen, der zu Sekuh
„ist, fragte er, und sprach: Wo ist Samuel
„und David? Da ward ihm gesagt: Sie-
„he zu Najoth in Rama. Und er ging da-
„selbst hin gen Najoth in Rama. Und
„der Geist Gottes kam auch auf ihn,
„und er ging einher und weissagte,
„bis er kam gen Najoth in Rama. Und
„er zog auch seine Kleider aus, und
„weissagte auch vor Samuel, und fiel
„bloß nieder den ganzen Tag und die
„ganze Nacht. Daher spricht man:
„Ist Saul auch unter den Prophe-
„ten?“

K 2

„Die Absicht des Geschichtschreibers (sagt Warburton) * bey dieser Erwähnung der Prophetenschule war keine andere, als uns mit der Wirkung bekannt zu machen, welche diese Schule auf die Gesandten des Sauls, und auf den Saul selbst hatte. Er thut daher auch nur einen Seitenblick auf dieses Kollegium, und sieht und zeigt dasselbe nur in der Verfassung, in der es von Saul und seinen Gesandten angetroffen wurde, nämlich beym Gebethe. Es ist darum auch nur von diesem, und nicht von den übrigen Beschäftigungen der Prophetenschule die Rede. Sie sahen zween Chor Propheten weissagen, oder bey ihrer Andacht begriffen. So wird das Wort Weissagen nicht nur von der chaldäischen Paraphrase, sondern auch von den apostolischen Schriftstellern erklärt, die dasselbe in eben dieser Bedeutung gebrauchen. Es läßt sich auch mit vieler Wahrscheinlichkeit annehmen, daß diese religiöse Gesellschaft ihre täglichen Arbeiten mit einem gemeinschaftlichen Lobe Jehovahs anzufangen und zu beschließen gewohnt war.“ Warburton führt hier einige Meynungen

---

* The divine Legation of Moses demonstrated. Book IV. Sect. VI.

über den Zweck dieser Prophetenschule an,
die er so ungegründet und verkehrt findet, daß
er sie keiner Widerlegung würdiget. Er glaubt,
ein Schriftforscher von gesundem Kopf und Herzen könne dieses Institut für nichts anders
halten, als für eine Akademie der jüdischen Staats- und Gesetzkunde, welche
die Erhaltung der Theokratie zu ihrem
Hauptzweck gehabt hätte, und in dieser
Rücksicht für eine Pflanzschule der Propheten gelten könne; „denn diejenigen, welche die
tiefsten Einsichten in das mosaische Gesetz
mit dem wärmsten Eifer für dasselbe verbunden hätten, wären unstreitig die geschicktes-
sten gewesen, Ausleger des göttlichen
Willens zu seyn.‟

„Dieser Begriff von der Bestimmung
der Prophetenschule erklärt es uns sehr
natürlich, wie es in Israel zum Sprichworte
kommen konnte: Ist Saul auch unter
den Propheten? Saul, sonst ein Mann
von großen Eigenschaften, man mag ihn als
Fürsten oder als Privatmann betrachten, hatte
das Unglück gehabt, durch armselige Vorurtheile für die irdische Staatskunst der be-
nachbarten Nationen so sehr eingenommen
zu werden, daß er endlich in eine gottlose

Gleichgültigkeit und Vernachläßigung in Rücksicht auf die Erhaltung und Beförderung der
mosaischen Staatsgrundsätze verfiel,
und vergaß, zu welchem Zwecke er aus
dem niedrigsten Stande zur königlichen
Würde erhoben worden war. Mit einem
Worte, er war nicht viel mehr als ein welt-
lichgesinnter Staatsmann, ohne den
geringsten Eifer für die göttliche Staatsverfassung seines Vaterlands. (Oder: er wollte
selbst, und ohne den Priestern Rechenschaft
zu geben, regieren.) Dieß war sein großer
und, kein Wunder! auch sein unverzeihli-
cher Fehler, der endlich seine Verwerfung
nach sich zog. Er hatte es durch seine Unbeson-
nenheit so weit kommen lassen, daß entweder er
oder das Gesetz (die Theokratie) fallen
mußte. Nun war diese freibündische Denkungsart des Sauls dem Volke nichts weniger als ein Geheimniß (dafür war allem Ansehen nach durch die Predigten der Prophetenschule gesorgt). Als man daher nachmals erfahren hatte, daß Saul zu der Schule der Propheten, wo der Eifer für
das Gesetz (die Theokratie) bekanntermaßen zu Hause war, so viele Bothschaften ge-
sendet habe, daß er sich endlich in eigener Person dahin begeben, und (wahrscheinlich in Kraft

seiner heidnischen Staatsklugheit, um
so fürchterliche Feinde zu besänftigen) an der
Entzückung und der Andacht der Propheten
(die alle seine Bothen hingerissen hatte) Theil
genommen habe; so wurde die ausserordentliche
Neuigkeit mit aller der Verwunderung, welche
sie erregen mußte, aufgenommen. Man rief
im höchsten Grade des Erstaunens aus: Ist
Saul auch unter den Propheten! Das
heißt: Saul, der seine ganze Regierung hindurch das Gesetz (die Prophetenlehre)
so wenig zu achten schien, der Mann, der sein
Betragen immer nur nach den Gesetzen der
menschlichen Staatskunst einzurichten gewohnt war, dieser von Jehovah verworfene Saul, ist nun endlich auf einmal einer
der Bekenner und Eiferer für das Gesetz geworden!" ——

Noch mehr Licht erhält die Bestimmung
der Prophetenschule und ihr Verhältniß
zu den weltlichen Regenten der Hu-
bräer, durch das, was in eben dem Kapitel
Samuels von David erzählt wird. Dieser Mann, der in Rücksicht seiner Gesinnungen
gegen die Theokratie so sehr das Gegentheil
von Saul war, daß er bloß aus diesem Grunde an die Gottesmänner von Jehovah ——

stimmt worden zu seyn scheint, flüchtete zu seinem
Gönner Samuel; sagte demselben alles, was
ihm Saul gethan hatte, und blieb bey ihm und
der Prophetenschule in Najoth. „Bey
diesem Aufenthalte,“ meynt Warburton, „hätte es allem Ansehen nach nicht anders kommen
können, als daß sich die natürlichen Anla-
gen Davids zum Eifer für das mosaische Gesetz so sehr verbesserten, daß er
endlich den glorreichsten aus allen Ehrentiteln eines Mannes nach dem Herzen Jeho-
vahs verdient hätte. Denn in seinem bisherigen Leben habe er sehr wenig Gelegenheiten gehabt, sich besondere Ansprüche auf diesen Namen zu machen, indem er seine Kindheit und
einen Theil seiner Jugend auf dem Lande bey den
Schaafen seines Vaters, und den andern im
Felde und bey Hofe zugebracht habe.“ ——

Es liegt der Sache der Wahrheit nicht wenig
daran, daß man wisse, David habe jenen Eh-
rentitel nicht wegen seiner Privattugenden verdient, wie seine Geschichte lehrt, oben nicht die
liebenswürdigsten waren, sondern wegen seines
öffentlichen Betragens, und besonders
wegen seines großen Eifers für die Ehre
und Erhaltung der Ehre

chen er zum erstenmale mit diesem Namen
vorkommt. Samuel kündigt dem ungehor-
samen Saul im Namen Jehovahs seine
Verwerfung an. „Du hast thöricht gehandelt“
(sagt er im 13. Kapitel seines 1. Buchs
zum Könige) „du hast thöricht gehandelt, und
„nicht gehalten des Herrn deines Gottes Ge-
„both, das er dir gebothen hat; denn er hätte
„dein Reich über Israel bestätiget für und für.
„Aber nun wird dein Reich nicht bestehen. Der
„Herr hat sich einen Mann gesucht nach
„seinem Herzen, dem hat der Herr gebothen
„Fürst zu seyn über sein Volk; denn du hast des
„Herrn Geboth nicht gehalten.“ —— Man
sieht hieraus, daß sowohl die Verwerfung
Sauls als die Erwählung Davids vollkommen einerley Grund hatte, nämlich die
Erhaltung der Theokratie, die Absicht
Jehovahs, der Hierarchie und der Prophetenschule. —— Saul hatte dieser Absicht entgegen gearbeitet, oder wenigstens sie nicht
eifrig genug befördert. David hingegen,
der sich unter Samuels Aufsicht und Anlei-
tung in der Schule der Propheten gebil-
det, und folglich gelernt hatte, daß der Gehorsam gegen die Dollmetscher Jehovahs,
eben so gewiß das einzige Mittel wäre, sich
auf dem Throne Jehovahs zu erhalten,

Als er die Hauptbedingung seyn mußte,
unter welcher ein Laye für diesen Thron gewählt wurde, ließ sich sowohl den Gebrauch
dieses Mittels, als die Erfüllung dieser
Bedingniß aufs höchste angelegen seyn. Er
versäumte keine Gelegenheit, sich bey den Priestern nach dem Willen Jehovahs zu er-
kündigen, hielt sich immer nahe um das Heiligthum, nahm in jeder Gefahr seine Zu-
flucht zur Hierarchie, fand sich fleissig in
der Prophetenschule ein, verherrlichte
den äussern Gottesdienst u. s. w. kurz,
betrug sich sowohl vor seiner Regierung, als
auch während derselben vollkommen nach dem
Sinne Jehovahs und der Gesalbten
desselben.

Der Geist also, der den Saul verlassen, und den David erfüllet hat, der
Geist, der in der Prophetenschule aufbehalten, und fortgepflanzet wurde,
den David daselbst eingesogen, und Saul
bey seinem Besuche in Najoth angenommen
zu haben vorgab, war also vollkommen einerley Geist — der Geist des Stif-
ters der hebräischen Theokratie.

Sechster Abschnitt.

Von den Geheimnissen des* Urims und Thummims.

„Und der Herr redete mit Moses und „sprach:** — Du sollst reden mit allen, die „eines weisen Herzens sind, die ich mit dem „Geiste der Weisheit erfüllt habe, daß sie Aa„ron Kleider machen zu seiner Weyhe, daß er „mein Priester sey. Dieß sind aber die Kleider, „die sie machen sollen: Das Amtsschildlein (oder „Pektorale) den Leibrock (oder das Ephod) den „engen Rock, Hut und Gürtel — Das Amts„schildlein sollt du machen nach der Kunst wie „den Leibrock, von Gold, gelber Seide, Schar-

* Man wird sich hoffentlich nicht daran stoßen, daß der Verfasser Urim und Thummim lieber als einzelne Dinge in der einfachen — als der hebräischen Spracheigenheit, die uns Teutsche nichts angeht, zufolge, in der mehreren Zahl nimmt.

** 2. Buch Mosis 28. Kap. 3. u. f. V.

„lach und gezwirnter weisser Seide: viereckig
„soll es seyn, und zwiefach; eine Hand breit
„seine Breite — und du sollst Ketten zu dem
„Schildlein machen — und man soll das
„Schildlein an die Länge des Leibrocks heften,
„daß es hart anliege, und sich nicht von dem
„Leibrocke losmache; und sollt in das Amts-
„schildlein thun Licht und Recht (Urim
„und Thummim), daß sie auf dem Herzen Aa-
„rons seyn, wenn er eingeht vor dem Herrn,
„und trage das Amt der Kinder Israels
„auf seinem Herzen vor dem Herrn
„immerdar." —

Aus dieser Verordnung Jehovahs erhellet:
Erstens, daß das Urim und Thummim,
was es auch sonst an sich selbst gewesen seyn mochte, aus Dingen bestanden habe, die in dem
Pektorale (dem Amtsschildlein) einer
Tasche, die an das Ephod (den Leibrock)
mit goldenen Ketten befestiget war) aufbehalten wurden. * Zweytens, daß das Urim

* Erat Pectorale ejusdem operis et artificii cum
Ephod nec tamen simplex sed duplex, i. e. ge-
minum, ut ex tribus lateribus altera pars alteri
committi esset. Ex uno autem latere, dextro
videlicet, apertum erat, quo aliquid in illo or-
namento inferri posset. Arias Montanus Antiqu.

und Thummim ausschließend dem Hohenpriester angehörte, und einen wesentlichen und unzertrennlichen Theil seiner Amtskleidung ausmachte. Drittens endlich, daß diese zwey sonst unbekannten Dinge auf die Würde und das Amt des Hohenpriesters, und namentlich auf das Eingehen desselben vor dem Herrn Bezug hatten.

Von dem Urim.

Die heiligen Bücher der Hebräer erwähnen des Urims und Thummims selten, und meistens nur im Vorbeygehen, und beobachten über die Materie und Form dieser geheimnißvollen Dinge das tiefste Stillschweigen. Die Beziehung des Urims auf

Iadalc. L. 6. Folglich mag das Pektoral mit der sogenannten Korporaltasche der katholischen Meßpriester große Aehnlichkeit gehabt haben. Ich habe von den zwölf Edelsteinen, womit das Pektoral von aussen besetzt war, und unter welchen einige viri erudItIssImi das Urim und Thummim gesucht und gefunden haben, vorsetzlich keine Erwähnung gemacht, weil sie nicht zur Sache gehören, und das Urim und Thummim nach Jehovahs eigenen Worten nicht auf dem Pektoral, oder ausserhalb desselben, sondern in demselben aufbehalten wurde.

das Amt des Hohenpriesters ist der einzige Umstand, worüber sie sich deutlich und bestimmt herauslassen. Glücklicherweise ist dieser gerade der Umstand, an welchem uns bey unserer gegenwärtigen Untersuchung am meisten gelegen seyn muß.

Gleichwie Jehovah nicht bloß Schutzgott, sondern auch politischer Regent der Hebräer war: so hatte sein Oberpriester nicht bloß die Gemeinde vor dem Altare, sondern auch den Thron vor der Nation zu vertreten. Es gehörte also eben so wesentlich zu seinem Amte, den Unterthanen, bey der wichtigern Angelegenheit der Regierung, den Willen des Königs bekannt zu machen, als die Opfer und Gelübde des Volks bey den größern Feyerlichkeiten und dringenden Landplagen der Gottheit darzubringen. Er mußte also von Zeit zu Zeit die Befehle Jehovahs einholen. Moses * war der einzige Prophet in Israel, den der Herr erkannt hatte von Angesicht zu Angesicht. Nach dessen Tode war also ein sinnliches Zeichen von dem fortdauernden Umgange zwischen dem unsichtbaren Könige, und dem

---

* 5. Buch Mosis 34. K. 10. V.

ſichtbaren Miniſter für den Volksglauben, um ſo viel unentbehrlicher. Das mittel-
bare Orakel, durch welches Jehovah von
nun an ſeinen Willen offenbarte, mußte ein in
die Augen fallendes Organ haben, und
dieſes Organ war das Urim in dem Bruſt-
ſchilde des Hohenprieſters. Wir haben die vornehmſte Schriftſtelle, in welcher das Urim ausdrücklich in dieſer Bedeutung vorkömmt, zwar
ſchon bey einer andern Gelegenheit angeführt; allein ſie iſt für unſern gegenwärtigen Fall viel zu
wichtig und zu entſcheidend, als daß wir ſie nicht
noch einmal von Wort zu Wort herſetzen ſollten:
„Jehovah ſprach zu Moſe: Nimm Joſua
„zu dir, den Sohn Nun, der ein Mann iſt,
„in dem der Geiſt iſt, und lege deine Hände auf
„ihn, daß ihm gehorche die ganze Gemeine der
„Kinder Iſrael. Und er ſoll treten vor den
„Prieſter Eleaſar (Aarons Sohn und
„Nachfolger) der ſoll für ihn Rath fra-
„gen nach der Weiſe des Lichts (Iux-
„ta judicium URIM). Nach deſſelben
„(des Hohenprieſters) Mund ſollen
„aus- und einziehen beyde, Er (Jo-
„ſua) und alle Kinder Iſraels mit
„ihm, und die ganze Gemeine.“ * Hier

* 4. B. Moſis 27. K. 18. u. f. V.

erscheint also das Urim als das wesentlichste
Staatsgeheimniß, als die Haupttrieb-
feder, und als das kräftigste Erhal-
tungsmittel der Theokratie. Nichts
kann einleuchtender seyn als die großen und gewissen Vortheile, welche durch die Einführung
dieses Orakels für die Statthalter Jehovahs gewonnen wurden. Durch dieses einzige Mittel waren die bedenklichsten Angelegenheiten des Staates der Willkühr der weltlichen Staatsbedienten entzogen,
und dem Könige selbst vorbehalten,
der sie mit seinem ersten Minister allein aus
einander setzte und entschied. Die Feldherren
und Richter, die eben darum, weil sie ihre
Gewalt von Jehovah erhalten hatten, um
so viel leichter im Stande gewesen wären, im
Namen Jehovahs für ihre eigene Rechnung
den Meister zu spielen, wurden durch dieses Mittel in der strengsten Abhängigkeit von dem Ober-
haupte der Hierarchie unterhalten; die Vorrechte
der ersten sichtbaren Macht im Staate waren
gegen alle Verjährung gesichert; und es war im
genauesten Wortsinne wahr geworden: daß der
Heerführer Israels und die ganze
Nation mit ihm nach dem Munde
des Oberpriesters von nun an aus-
und einzuziehen hatten.

Jehovahs ausdrücklicher Befehl, der sogar den obersten Feldherrn seines Volks an das Urim des Oberpriesters anweist, läßt uns keinen Zweifel übrig, daß alle darauf gefolgten unmittelbar göttlichen Entscheidungen, welche in den Büchern Josua und der Richter so häufig vorkommen, durch das Urim ertheilt worden sind; ungeachtet dieser Umstand, vermuthlich seiner Alltäglichkeit wegen, nicht immer ausdrücklich erwähnt wird.

Als die jüdische Hierarchie in der Folge dem Ungestüm des Volks, welches mit Jehovahs Regierung unzufrieden war, nachgegeben, und dem Benjaminitten Saul mit dem Königstitel eine größere Gewalt, als noch kein Feldherr besaß, eingeräumt hatte, Saul aber unbesonnen genug war, von dieser Gewalt Gebrauch zu machen — war natürlicher Weise auch der politische Einfluß des Urims in Gefahr gerathen. Der weltliche Reichsverweser der Theokratie handelte eigenmächtig — und wurde von Jehovah verworfen. Umsonst suchte er nachmals, durch traurige Erfahrungen zu spät klüger gemacht, die Sache durch eifriges Nachfragen bey dem Urim wieder gut zu machen. „Jehovah antworte-

L

„te ihm (wie das erste Buch Samuels *
„versichert) weder durch Träume, noch
„durch Propheten, noch durch das
„Urim.“ —

Dafür aber verstummten die Orakel um
so viel weniger dem David, dem in der Prophetenschule gebildeten, von Samuel bereits gesalbten Thronfolger Sauls.
Dieser Mann, nach dem Herzen Jeho-
vahs scheint unter andern auch durch sein großes
Vertrauen auf das Urim seine Tüchtigkeit zum
theokratischen Throne bewiesen zu haben,
und die Antworten, die er von diesem Orakel
eingeholt hatte, waren immer, wo nicht nach
seinem Wunsche, doch wenigstens zu seinem Besten ausgefallen. Hier sind ein paar Beyspiele
hiervon. „Da David merkte, (heißt es im
„angeführten Buche Samuels)** daß Saul
„Böses über ihn gedacht, sprach er zu dem Prie-
„ster Abjathar: Lange mir den Leibrock
„her (Applica ad me Ephod). Und Da-
„vid sprach: Herr Gott Israel, dein Knecht
„hat gehört, daß Saul darnach trachte, daß

* 1. B. Samuels 28. K. 6. V.

** 1. B. Samuels 23. K. 9. u. f. V.

„er gegen Kegila komme, die Stadt zu ver-
„derben, um meinetwillen. Werden mich auch
„die Bürger zu Kegila überantworten in seine
„Hände, und wird Saul herab kommen, wie
„dein Knecht gehört hat? Das verkündige Herr
„Gott Israels deinem Knechte! Und der Herr
„sprach: Er wird herab kommen. David
„sprach: Werden aber die Bürger von Kegila
„mich und meine Männer überantworten in die
„Hände Sauls? Der Herr sprach: Ja! Da
„machte sich David auf sammt seinen Männern.
„Da nun Saul angesagt ward, daß David
„von Kegila entronnen war, ließ er sein Aus-
„ziehen anstehen." In eben demselben Buche
kömmt noch ein zweyter Fall vor, in welchem
David ebenfalls dem Urim allein seine Rettung zu verdanken hatte. Er war durch einen
plötzlichen Einfall der Amalekiter * sehr ge-
ängstiget: „denn das Volk wollte ihn steinigen.
„Denn des ganzen Volkes Seele war unwillig,
„ein jeglicher über seine gefangenen Söhne und
„Töchter. David aber stärkte sich in dem
„Herrn seinem Gott, und sprach zu Abjathar
„dem Priester, Ahimelechs Sohn: Brin-
„ge mir her den Leibrock (Applica ad

* 1. B. Sam. 30. K. 6. u. f. V.

„me Ephod). Und da Abjathar den Leibrock
„zu David gebracht hatte, fragte David den
„Herrn und ſprach: Soll ich den Kriegsleuten
„nachjagen, und werde ich ſie ergreifen? Er
„ſprach: Du wirſt ſie ergreifen und Rettung
„thun.“ — Der Erfolg hat auch dieſesmal
das Vertrauen Davids auf das Urim des
Prieſters, als auch die Zuverläſſigkeit dieſes
Orakels gerechtfertiget.

Die Redensart: Bringe mir den Rock her
(Applica ad me EPHOD) deren ſich David in den beyden angeführten Fällen bedient
hat, erklärt ſich aus der durch den Befehl
Jehovahs feſtgeſetzten Gewohnheit, vermöge
welcher das Urim mit ſeinem Behältniſſe dem
Pektoral nie von dem Ephod des Hohenprieſters getrennt wurde. Das Urim,
das Pektoral, und das Ephod wurden
daher in der Folge als gleich vielbedeutende Ausdrücke gebraucht, ſo oft von dem Orakel
des Hohenprieſters die Rede war. Das
Pektoral hieß auch, als der Sitz des
Urims, im Hebräiſchen ſo viel als Divinatio,
Vorherſagung, und im Lateiniſchen Rationale,
ein mit Vernunft begabtes Weſen. Selbſt
das Ephod, an welchem das Urim mit dem
Pektoral befeſtiget war, wird in der arabi-

schen Uebersetzung mit: Vas Oraculi, das Gefäß des Orakels,* Instrumentum Oraculi, das Werkzeug des Orakels, ** und endlich Vas foederis Dei, per quod petebantur Oracula, das Gefäß des göttlichen Bundes, durch welches die Orakel eingeholt wurden *** ausgedrückt.

Da sich das Urim auf ein großes Geheimniß gründete, wozu eigentlich nur der Hohepriester, und höchstens seine Vertrauten den Schlüssel besitzen durften; so ist sowohl das Stillschweigen der hebräischen Geschichte, als auch die Verschiedenheit der gelehrten Meynungen über die nähere Beschaffenheit dieses Orakels sehr begreiflich. Ich will meine Brüder mit der Aufzählung der abentheuerlichen Vermuthungen, und dem Schwalle übelverdauter Gelehrsamkeit verschonen, welche von christlichen und jüdischen Theologen und Exegeten über diesen Gegenstand verschwendet worden. Dafür aber darf ich Spencers Meynung, die durch das

* 1. B. Sam. 30. K. 7. V.

** Ebendas. 23. K. 6. u. 9. V.

*** Ebendas. 14. K. 3. V.

Gewicht ihrer Gründe jede mit kritischer Strenge bewiesene Thatsache aufwiegt, um so viel weniger mit Stillschweigen übergehen; da sie meiner bisher vorgetragenen Hypothese über die Natur und den Zweck der hebräischen Mysterien, das Siegel der höchsten Wahrscheinlichkeit aufzudrücken scheint.

Dieser große Kenner des hebräischen Alterthums * beweiset mit eben so vielem Scharfsinne, als großem Aufwande von Belesenheit, daß das Urim ein kleines Götterbild, und zwar von der Gattung war, die in den ältern Zeiten der Hebräer sonst auch Theraphim und Seraphim, bey den Aegyptiern aber Serapis geheissen hat, und in Aegypten und Chaldäa von den Priestern zum Weissagen gebraucht wurde. Ich will nur einige der vornehmsten Gründe dieser Behauptung hersetzen.

Erstens: daß die Worte Theraphim und Urim einerley Sache bezeichneten, und

---

* De legibus Hebraeorum ritualibus, earumque rationibus Libri tres, auctore Ioanne Spencero S. T. D. Ecclesiae Eliensis Decano et Collegii Corporis Christi apud Cantabrig. Praefecto. Cantabrigiae MDCLXXXV, L. III. Differt. VII. Cap. III. pag. 862, et seq.

beyde für das Orakel des Hohenpriesters gebraucht wurden, beweiset folgende
Stelle aus dem Propheten Oseas: * „Die
„Kinder Israels werden lange Zeit ohne Kö-
„nig, ohne Fürsten, ohne Opfer, ohne Al-
„tar, ohne Leibrock (Ephod) und ohne
„Heiligthum (im Hebräischen ohne
„Theraphim) seyn.“ Alle Schriftausleger
sind darüber einig, daß hier der Prophet
den Hebräern mit dem Verluste ihrer Freyheit, und dem Untergange ihrer Staatsverfassung droht, und daß das Theraphim,
welches hier, wie sonst das Urim, mit dem
Ephod zusammengestellt wird, nichts weniger
als ein gewöhnliches Götzenbild, sondern
das Orakel bedeuten müsse, welches zugleich
mit der theokratischen Verfassung von
den Juden hinweggenommen werden sollte.

Zweytens: „Zu jener Zeit, da kein König
„in Israel war, und ein jeder that, was
„ihm däuchte,“ befand sich, wie im Buche
der Richter ** zu lesen ist, auf dem Gebirge
Ephraim ein reicher und andächtiger, aber

* Oseas 3. K. 4. V.

** Buch der Richter 17. K. 4. u. f. V.

allem Ansehen nach eben nicht sehr verschmizter Mann, Namens Micha. Dieser war auf den Einfall gerathen, seine eigene Hauskapelle zu haben, und daselbst die Geheimnisse des Priesterthums im Kleinen nachzuahmen. Zu dem Ende nahm seine fromme Mutter „zwey hundert Silberlinge, und „that sie zu dem Goldschmide, der machte ihr „ein Bild und einen Abgott (Sculptile et „Conflatile) das war darnach im Hause „Micha. Und der Mann Micha hatte ein „Gotteshaus (aediculam, habitaculum „Elohim) und machte einen Leibrock und „ein Heiligthum (im Hebräischen ein Ephod „und Theraphim) und füllete seiner Söhne „einem die Hand, daß er sein Priester war.“ — Micha war aus dem Stamm Ephraim, und folglich ein Laye. Das Priesterthum seines Sohnes mußte ihm also troz der gefüllten, das heißt, der gesalbten Hände desselben, manchen Gewissensscrupel verursacht haben, der nicht eher gehoben wurde, als bis er einen Leviten gefunden hatte, zu dem er sprach: „Bleibe bey mir, du sollt mein Va„ter und mein Priester seyn; ich will dir jähr„lich zehn Silberlinge, und benannte Kleider, „und deine Nahrung geben. Der Levit trat; an „zu bleiben bey dem Manne Micha, und er,

„(Micha) hielt den Knaben (den Leviten, der
„sehr jung war) gleich wie einen Sohn. Und
„Micha füllete dem Leviten die Hand,
„daß er sein Priester ward; und war also im
„Hause Micha.“ Der gute Ephraimite
war darüber so ganz beruhigt, und so herzlich
froh, daß er ausrief: „Nun weiß ich, daß mir
„Jehovah wird wohlthun, weil ich einen Le-
„viten zum Priester habe!“ Diese un-
verstellte Gewissenhaftigkeit des Micha ist ein
unzweydeutiger Beweis seiner treuen Anhänglichkeit an der mosaischen Religion, und setzt
ausser allem Zweifel, daß die goldenen Bilder,
die ihm seine eben so rechtgläubige Mutter machen ließ, zu keiner Abgötterey, sondern
für den orthodoxen Gottesdienst in der
Hauskapelle bestimmt waren; daß das Theraphim, das er in dieser Kapelle mit dem Ephod
aufbewahrte, ein Ding war, das nach dem
mosaischen Gesetze zum Ephod gehörte;
mit einem Worte, daß es das Urim seines
Hauskaplans, so wie sein Hauskaplan
den Hohenpriester vorstellen sollte.

Drittens endlich hat Spencer sehr umständlich, und wie mir däucht, eben so voll-
ständig erwiesen, nicht nur daß die Worte: Theraphim, Seraphim und Urim einerley

Begriffe auszudrücken, gebraucht wurden; sondern auch daß sich Jehovah ebenfalls bey andern Gelegenheiten der gewöhnlichen Götterbilder, die in der Schrift unter dem Namen Th&-
raphim vorkommen, als Organe seiner
Orakel bedient habe. — Die Zeugnisse,
mit welchen er seine Behauptung unterstützt, sind
eben so unverdächtig als übereinstimmend. * Wir
wollen sie der Kürze halber übergehen, und das

* Idola *Theraphim*, fere semper forma fasciis in-
    voluti pueri, et ad portandum idonea paraban-
    tur: hinc sine manibus et pedibus fere videntur
    constructa. Timebant enim Aegyptii maxime
    simulacrorum defectum ex ruptura quadam pro-
    venientem. Cujusmodi figuram quoque habuis-
    se *Serapes* testantur statunculae illae partim
    fictiles, partim lapideae, ligneae, quarum ma-
    gna copia quotannis a mercatoribus ex antiquis
    Aegypti monumentis eruta in Europam devehi-
    tur. *Kircher in Aedip. Aegypt.* T. I. Syntagm.
    4. C. 3.

    Nomine *Rabbi Obaddiae Spornii* audivi haec:
    URIM similia erant materia et aspectu *futuris*
    illis (i. e. annunciantibus futura) *per quas sa-*
    crificuli Idolorum vaticinabantur, et annis an-
    tiquioribus ORACULA vocabantur. *Rabbi*
    Azaria Lib.

    Rabbi Aben-Ezra existimavit *Urim* opus au-
    rifabri, et simile quid illis figuris, quas faciunt
    Astrologi ad solendum cogitationes ejus, qui

übrige, was wir über das Urim noch auf dem
Herzen haben, dem eigenen Nachdenken unsrer
Leser überlassen; nachdem wir nur ein paar Worte über den ägyptischen Ursprung werden
gesagt haben, den dieses Orakel mit den mehreren religiösen Gebräuchen der Hebräer gemein hat.

Das Institut der Orakel, dieser siche-
re Kanal des politischen Einflusses, und diese
reiche Quelle reiner Einkünfte für die Seelen-
hirten aller Zeiten und Völker, waren bekanntermaßen, so wie fast alle übrigen Erfindungen
der frommen Politik und Ausgeburten des Aberglaubens, in Aegypten entstanden. Die sprechenden Götterbilder waren unter den
verschiedenen Gattungen der Orakel eine der ältesten. Dieß beweist wenigstens ihre frühe Ver-
breitung unter den Chaldäern, Phönizi-
ern, Syrern und Arabern, von der uns

Interrogat. *Buxtorf. Histor. Urim et Thumim.*
C. 2.

Rationale factum erat quadrangulum et du-
plum, tamquam basis destinatum et *imagines*
duarum virtutum ferens: *Manifestationem et
Veritatem.*

die Ueberbleibsel alter Geschichtschreiber so manche Spuren aufbehalten haben. *

Moses hat diese Orakelbilder bey seinem
Aufenthalte in Aegypten angetroffen, und die
Israeliten, die bekanntermaßen ihren vater-
ländischen Gottesdienst über die ägyptische
Volksreligion so rein vergessen hatten, würden
sich allem Ansehen nach die sprechenden Götterbilder weit weniger haben nehmen lassen,
als so manchen andern heidnischen Gebrauch, den
Jehovah aus Nachsicht gegen die Harthäckig-
keit und Verkehrtheit dieses Volks in sein Gesetz
aufgenommen hat. „Die Aegyptier hatten (nach
„dem Zeugnisse des Abenephius bey Kir-

---

* Erexerunt (Zabii aut Chaldaei) stellis imagines, soli quidem aureas, Lunae vero argenteas
— — Deinde sacella aedificaverunt, imagines-
que in iis collocarunt, arbitrantes stellarum vi-
res influere in illas imagines, easque intelli-
gendi virtutem habere, hominibus prophetiae
donum largiri, ac denique quae ipsis utilia sunt
et salutaria indicare. *Maimonides More-Ne-
vochim* P. 3. C. 29. Idem *Maimonides* se duo
integra Zabiorum volumina de *imaginibus* hisce
loquentibus et earum fabricatione perlegisse te-
statur. Apud Spencer. de Leg. Hebr. Ritual.
pag. 904.

„chern * gewisse Bilderchen, wie kleine Knäb-
„chen gestaltet, die nach ihrer Sprache Sera-
„pes hießen, von ihnen angebethet, und über
„künftige und verborgene Dinge befragt wurden.
„Sie wurden allenthalben an den vornehmsten
„Plätzen der Städte aufgestellt, und mit ange-
„zündetem Weihrauch verehrt. Man pflegte sie
„auch bey sich zu tragen, um sich gegen Unfälle
„zu verwahren. Von eben dieser Gattung waren
„die Theraphim, welche von den Israeliten
„verehrt wurden, und die Laban nach dem
„Zeugnisse der Schrift angebethet hatte.“ —
„Diese Theraphim“ (schreibt Christoph
Castro, ein Schriftsteller, der, wie wir gleich
sehen werden, nichts weniger im Sinne haben
könnte, als der Göttlichkeit der mosaischen Gebräuche zu nahe zu treten.) „Diese
„Theraphim waren kleine Bildsäulen oder

---

* Erant Aegyptiis simulacra quaedam puerili forma, Aegyptiace dicta SERAPES, quae adora-
bant de futuris et absconditis interrogantes.
Passim in celebrioribus urbium locis collocaban-
tur, solebantque ante ea adolere, eaque contra
mala eventa secum portare. Similia his THE-
RAPHIM erant, quae colebant Israelitae, quae-
que *Laban* in scripturis adorasse memoratur.
Ap. Kircher in Oedip. Aegypt. Tom. I. Syntagm,
4. C. 3.

„Gözenbilder, durch die man zukünftige
„Dinge zu erforschen pflegte. Weil nun Gott
„jenes Volk nach und nach entwöhnen, und von
„den heidnischen Sitten und dem Dienste des Teu-
„fels durch die sanftesten Mittel zurückbringen
„wollte, so ließ er ihnen die wunderbare Art, das
„Künftige vorherzusagen, und das Verborgene
„zu entdecken, wodurch sich die Teufel bisher die
„Bewunderung der Menschen zu verschaffen ge-
„wußt hatten; gleichwie er ihnen auch verschie-
„dene Arten von Opfern zugestand, die
„vorher dem Teufel, in der Folge aber dem wah-
„ren Gott gebracht wurden. Allein diese Orakel
„geschahen von der Zeit an durch Gott, und zur
„Ehre Gottes, so wie alle jene Loose, Vorbe-
„deutungen und prophetische Gesichte, zu wel-
„chen auch die Theraphim gehören. An
„der Stelle der Letztern gab Gott den
„Israeliten die Urim und Thummim,
„aber nur vermittelst des Hohenprie-
„sters, damit dem Volke die Gelegenheit und
„Veranlassung benommen würde, mit denselben
„Abgötterey zu treiben. Sie waren also zwey
„kleine Bilderchen von feiner Arbeit, ent-
„weder von Gott selbst, oder den Werkmeistern
„der heiligen Geräthe verfertiget. Der Ober-
„priester trug sie zwischen der Falte des Brust-
„schildes, und zog sie aus derselben hervor, so

„oft er ein Orakel einzuholen hatte, wo dann
„entweder Gott selbst, oder ein Engel in dessen
„Namen die Antwort ertheilte." *

Von dem Thummim.

Die Bemerkung, daß das Thummim im
Pektoral des Hohenpriesters mit dem

* *Theraphim* autem imagunculae erant, seu Idola, quae interrogata, responsa dabant voce ma-
nifesta. Quia ergo Deus voluit populum illum
ablactare, et a moribus gentium et Daemo-
num cultu suaviter avocare, sicut reliquit eis
tum varia sacrificiorum genera, quae Daemonibus
prius exhibebantur, posterius Deo praestaban-
tur, ita modos illos admirandos, quibus Dae-
mones se hominibus admirabiles ostendebant,
praedicandi futura et occulta revelandi conser-
vavit Israelitis; sed per Deum ipsum et in illius
honorem hujusmodi erant oracula, sortes, omi-
na, ostenta, visa prophetica: in his numeran-
tur *Theraphim*, pro quibus dedit illis *Urim* et
Thummim, sed medio summo sacerdote, ut occa-
fio plebi ignoranti removeretur ut idola ea co-
lendi. Erant igitur *duo parvula simulacra*
affabre facta, vel Dei manu, vel artificum or-
namentorum, quae ferebat sacerdos inter plicas
rationalis, et quoties aliquid erat interrogan-
dum, efferebat: per illa vero Deus, vel Ange-
lus nomine Dei, clare et perspicue respondebat,
Christophorus Castrus L. 3. de Proph. C. 3.

Urim aufbehalten worden; daß diese beyden
geheimnißvollen Dinge in der Schrift öfters zugleich genannt werden, und daß nirgendwo in
derselben der Unterschied zwischen beyden ausdrücklich angegeben wird — war es allem Ansehen
nach, was den eben angeführten Schriftsteller verleitet hat, beyde in Eine Klasse zu
setzen, und das Thummim eben so wie das
Urim für ein sprechendes Götterbild anzusehen. Indessen hätte ihn eine etwas größere
Aufmerksamkeit auf die Stellen der Bibel, in
welchen des Urims und Thummims erwähnt wird, auf die Vermuthung des Gegen-
theils führen können, welches Spencer mit
großer Wahrscheinlichkeit gefunden hat. Wenn
das Thummim zugleich mit dem Urim genannt wird, so geschieht dieses immer nur bey
Fällen, wo von den im Pektorale enthalte-
nen Dingen überhaupt, und ohne Rücksicht auf
den Gebrauch derselben die Rede ist. Hingegen,
so oft von dem Orakel des Pektorals,
oder Ephods gesprochen wird, kömmt das
Urim immer nur allein vor; wie an
den bereits angeführten Stellen: „Er soll für
„ihn Rath fragen nach der Weise des Urims
„— Der Herr antwortete ihm weder durch
„Träume, noch durch das Urim —" u. a. m.
sichtbar ist.

Indessen ist es ausgemacht, daß das Thum, mim, wo nicht zum Orakel, doch wenigstens zum Amte des Hohenpriesters gehörte, nur von ihm allein getragen werden durfte, und zwar zu seiner feyerlichen Amtskleidung am Busen getragen wurde. Dieß ist freylich alles, was sich aus den heiligen Büchern der Hebräer über das Thummim herausbringen läßt. Nichts desto weniger verdienen auch diese wenigen Umstände um so viel mehr Aufmerksamkeit, weil sie ausgemachte Thatsachen sind, und den Leitfaden abgeben, dem man sicher in das ägyptische Heiligthum folgen darf, um daselbst, wo sich schon so manches andere hebräische Geheimniß aufklärte, auch über das Thummim nähere Auskunft aufzusuchen.

„Bey den Aegyptiern (schreibt Aelia-„nus)* waren die Priester von den ältesten

---

* Apud Aegyptios à prima antiquitate, qui judicabant, facerdotes erant. Eorum autem princeps fuit, qui caeteros antecbat. Ille in omnes jus dicebat. Gerebat autem de collo imaginem ex fapphiro, eaque imago *Veritas* dicebatur. Aelianus Hist. Var. L. 14. C. 34.

M

„Zeiten her die Richter des Volks. Der
„Aelteste unter ihnen war der Vorsteher
„aller übrigen. Seine Gerichtsbar-
„keit erstreckte sich über jedermann.
„— Er trug aber am Halse ein Bild
„aus Sapphir, und dieses Bild war
„Αληθεια (die Wahrheit) genannt.‟
— Eben dieses wird von Diodor von Sicilien bestätiget. * Er hatte bereits von dem
obersten Richter bey den Aegyptiern
gesprochen, der die Wahrheit, αληθειαν, am
Halse herabhängend trug; und fährt
bald darauf folgendermaßen fort: „Alle erhiel-
„ten Besoldungen; die ansehnlichsten aber wur-
„den dem obersten Richter abgereicht. Dieser
„trug am Halse ein Bild aus köstlichen Steinen,
„das an einer goldenen Kette hing, und αλη-
„θεια, die Wahrheit, hieß. Dieß Bild war das
„Zeichen der höchsten Gerichtsbar-

---

* Summum Iudicem, qui haberet de collo pen-
dentem *Veritatem*. Et postea: Salaria praebe-
bantur, ampliſſima vero *ſummo Iudici*. Geſta-
bat autem ille in collo ex aurea catena pendens
• lapillis pretioſis ſimulacrum, cui *Veritas* nomen. Hoc autem *Veritatis* ſimulacrum Iudi-
ciorum principi aptatum causas cognoscendi
auspicium fuit. *Diodorus Siculus* in Bibl. Hiſt.
L. I. C. 31.

„keit.“ — Hier sind also alle von der Bibel
angegebenen Umstände des Thummims. Die
Beziehung desselben auf das Amt des sichtbaren Oberhaupts der Theokratie,
das ausschließende Vorrecht des Hohenpriesters auf diesen Schmuck, und die
Weise, denselben zu tragen; alles dieses trift bey der αληθεια des ägyptischen
Oberpriesters, der zugleich Oberrichter
ist, zusammen. Erwäget man überdieß, daß
Thummim, welches im Hebräischen Vollkommenheit, Recht, Wahrheit heißt,
von der Septuaginta, vom Philo, und
allen griechischen Schriftstellern mit
αληθεια übersetzt wird, daß das Thummim
vermittelst des Pektorals, so wie die αληθεια des ägyptischen Oberpriesters an
einer goldenen Kette befestiget war, daß
die ganze Kleidung Aarons und seiner Nachfolger, das Ephod, der vielfarbige Gürtel,
der enge Leibrock, die davon herabhängenden
Glöckchen u. s. w. mit der Kleidung des
ägyptischen Priesterkönigs, so wie uns
diese von alten Schriftstellern beschrieben wird,
die auffallendste Aehnlichkeit hat; so bleibt kaum
ein Zweifel übrig, daß das Thummim, wenn es
nicht der Materie und Form nach die ägyptische αληθεια war, wenigstens seiner Bestim-

mung, und seiner Bedeutung nach bey
dem hebräischen Hohenpriesterthume
ungefähr eben das bezeichnen sollte, was das
sapphirne Medaillon bey dem ägyptischen vorstellte, nämlich die Verbindung
des oberrichterlichen mit dem ober-
priesterlichen Amte, die höchste politische Gewalt mit der höchsten geistlichen
Würde vereinigt — das sichtbare
Oberhaupt der Theokratie.

Siebenter Abschnitt.

Winke zu einer nähern Vergleichung der maurerischen Mysterien mit den Hebräischen.

Ich kehre zu unsern Hieroglyphen und Ceremonien zurück, von welchen ich im Anfange meines Versuchs ausgegangen bin. Ich glaube den Zweck, den unsre hebräischen Hieroglyphen (denn von diesen ist hier allein die Rede)* bey ihren vorigen Besitzern, und bey ihrem ursprünglichen Gebrauche gehabt haben, ziemlich wahrscheinlich angegeben zu haben. Ob sie diesen Zweck auch bey uns haben, in wie ferne sie ihn haben, wirklich gehabt haben, und noch haben können, muß ich Ihren eigenen Einsichten, meine Brüder, zu entscheiden überlassen. Indessen erlauben Sie

---

* Sie sind, wie bereits in der ersten Vorlesung bemerkt worden, die zahlreichsten, beträchtlichsten und am meisten zusammenhängenden Hieroglyphen in der Freymaurerey. Das Tapis des vierten Grades ist fast ganz aus der Stiftshütte und dem salomonischen Tempel entlehnt; zumal das ältere.

mir ein paar kleine Anmerkungen, die wenig
stens manchem von Ihnen diese Entscheidung er
leichtern dürften.   Ich kann und werde dieselben
auf nichts als Thatsachen gründen, die seit
ein paar Jahren her dem ganzen Publikum
vorgelegt worden sind, und in ihren Urkunden
und Beweisen täglich vollständiger vorgelegt
werden.

   Es ist die höchste Zeit, meine Brüder, daß
wir wenigstens das Wesentlichste unsrer
Ordensgeschichte kennen lernen.   Die Auf
schlüsse, die wir so lange vergebens in unserm
Heiligthume aufgesucht haben, scheinen sich
uns gegenwärtig mit aller Gewalt von aussen
aufzudringen.   Es wäre ein sehr übel angebrach
ter Stolz, von den neuentdeckten wichtigen
Dokumenten unsrer Geschichte nichts
wissen zu wollen, weil wir sie von ihrem gegen
wärtigen Besitzer — (dem Publikum) der
sie uns unentgeltlich, ohne geheimniß
volle Miene, und ohne Hieroglyphe an
bietet — entlehnen müssen.

   Ich werde freylich die Kenntnisse unsres
Meistergrades überholen müssen.   Al
lein warum soll ein Meister einer gerech
ten und gesetzmäßigen Johannis□
von seinem Orden weniger wissen, als heut zu
Tag der nächste, beste aufmerksame Beobachter

unter den Profanen weiß? Wir haben vor dem Publikum kein Geheimniß mehr: warum sollten wir es vor unsern Brüdern haben? Zur Sache!

Ich habe die Freymaurerey in ihrem weitesten Umfange * so wie ich sie sowohl als Freymaurer, als auch als profaner Beobachter der neuesten Entdeckungen kennen gelernt habe, mit dem Hebraismus, so wie ich ihn in meinen Vorlesungen dargestellt habe, verglichen. Hier sind einige Resultate dieser Vergleichung.

§. I.

Kleinere Mysterien der Maurerey.

Die drey ersten Grade scheinen mir im Systeme des ganzen, und zum Theile noch unbekannten Ordens, ungefähr das gewesen, oder noch wirklich zu seyn, was die kleineren Mysterien der Hebräer in dem mosaischen Plane des Hebraismus waren: nämlich —— Aussonderung und Vereinigung ei-

---

* Es versteht sich, daß von einzelnen Provinzen, Orienten, ⊡ und Personen hier so wenig die Rede seyn kann, als sie die ganze Abhandlung hindurch von dem Hebraismus eines Mendelsohns, Herz, Friedländers u. d. m. gewesen ist.

nes beträchtlichen Theiles der Menschheit — gemeinschaftlicher Charakter von allen Gliedern eines moralischen Körpers, von Unterrichteten und Unwissenden, Anführern und Geführten mit und ohne Vorwissen — Einweihung eines ganzen Volks — der äusserste Vorhof eines Heiligthums, den Heiden unzugänglich, und nur einem auserwählten Volke offen. — Eine Gesellschaft, welcher der Gebrauch von Hieroglyphen und Ritualgesetzen so wesentlich ist, daß ihr ganzes Daseyn darauf zu beruhen scheint — und — warum sollten wir es uns nicht offenherzig gestehen, meine Brüder, daß wir als Mitglieder der Johannis ⌑ von dem ursprünglichen Sinne, und der Beziehung unsrer Hieroglyphen und Ceremonien auf den geheimnißvollen Zweck unseres Bundes genau so viel wußten, als ein hebräischer Laye von dem Sinne und dem eigentlichen Zwecke seiner Ritualgesetze? —

§. II.
Größere Mysterien der Freymaurerey.

I.
Maurerischer Sanhedrim.

Umsonst ließ man uns in den höhern Graden Aufschlüsse vermuthen, die unsere gerechte

Neugierde befriedigen sollten. Das ganze Publikum weiß nun aus den gedruckten Verhandlungen des letzten Konvents zu Wilhelmsbad, daß der Zweck unsres Ordens selbst unsern bekannten verehrungswürdigen Häuptern ein tiefes Geheimniß war, das sich durch die vereinigte Anstrengung ihrer scharfen Blicke nicht durchdringen ließ. Die erlauchte Versammlung sah sich genöthigt, den unbekannten Zweck, den sie in der Geschichte des Ordens und in der Beschaffenheit unsrer Ritualgesetze nicht finden konnte, in ihrem Herzen aufzusuchen. Hier konnte sie nun freylich keinen andern antreffen: als Wohlthätigkeit im weitesten Verstande. Allein so sehr uns dieser seit kurzem festgesetzte Zweck die guten Absichten und Gesinnungen unsrer vortreflichen Vorsteher erklärt, so vollkommen läßt er uns über die Geheimnisse unsrer religiösen Hieroglyphen in Unwissenheit. Unsre Ceremonien, unsre Sinnbilder, unsre Sprache u.s.w. lassen sich aus der Wohlthätigkeit in jedem nur möglichen Sinne so wenig erklären, als die hebräischen Ritualgesetze — aus der Weisheit und Güte des höchsten Wesens, außer wir wollten uns unter der maurerischen Wohlthätigkeit etwas so unbegreifliches, und aller Vernunft Trotz bietendes denken, als sich wohl die orthodoxen

Eiferer des jüdischen Volksglaubens
unter der Weisheit und Güte Jehovahs
gedacht haben mögen. Ich finde in den öffentlich
gedruckten Geschichten unsrer hohen Ordenskon-
vente die Geschichte des großen Sanhe-
drims der Hebräer wieder. Auch dieses
hatte in den spätern Zeiten den Schlüssel zu
den Geheimnissen der Theokratie verloren, den ihre Vorfahren zu Mosis
Zeiten besessen haben, und den man, nachdem das System einmal im Gange war,
den Layen unbemerkt aus den Händen zu winden für gut befunden haben mag.

Wir wissen nunmehr mit dem Publi-
kum, * daß sich der Vorfahrer des würdigsten
gegenwärtigen Vorstehers der vereinigten
teutschen Maurerey mit seinem ganzen Konvente selbst nur als Layen im Orden anerkannt, und sich bloß in der Eigenschaft eines weltlichen Anführers im
Jahr 1768 von den Clericis regularibus
und Besitzern der geheimen Kunst des
Ordens einweihen lassen, „unter der Bedin-
„gung, daß er sich unter keinerley Vorwand un-
„terstehe, oder in den Sinn kommen lasse, die
„Rechte und Vorzüge der besagten geistlichen Brü-

---

* Berlinische Monatschrift Julius 1786. N. 5. Des
Anti-Nikaisse 2. Th. in den Beylagen.

„der (welche Rechte die *Iura Stolae* sind) zu
„schmälern.“ — „So legte Moses seine Hän-
„de auf Josua, der ein Mann war, in
„dem der Geist war, stellte ihn vor den
„Oberpriester Eleasar und die ganze Ge-
„meine, und legte seine Herrlichkeit auf
„ihn — und so trat Josua vor den Prie-
„ster Eleasar, der für ihn rathfragte nach
„der Weise des **Urims**, und nach dessen
„Munde er aus- und einzog mit den Kindern
„Israel und der ganzen Gemeine.“—

2.

Maurerische Prophetenschule.

So wie die Prophetenschule mit den
größern Geheimnissen der alten Hebräer in einem viel nähern Verhältnisse
gestanden hat, als selbst das hohe Sanhedrim und seine weltlichen Beysitzer;
so, meine Brüder! giebt es auch ein maureri-
sches Institut, welches den Besitzern der
geheimen Kunst viel näher liegt, als selbst
die Versammlung unsrer Ordenshäup-
ter auch noch in den Zeiten, als sie aus Ver-
fechtern des Tempels bestanden hatte. Dieses Institut ist die eigentliche und wah-
re Prophetenschule der Freymaurerey.
Man lernt in derselben * die Vernunft „als ei-

* Berlinische Monatschrift. August 1785. N. 2.

„nen schwachen mit gar zu vielen stürmenden
„Meynungen des thierischen Menschen umnebel-
„ten Lichtfunken kennen, und für die Rechnung
„des Glaubens gefangen nehmen, — Pater
„Storchenaus Religionsphilosophie
„fleißig lesen, — den von Gott eingesetzten Obern
„blind, und ohne Untersuchung gehorchen. —
„Sie gewährt allen denjenigen, die da Jesum
„den Schlangentreter recht kennen, sein
„tinkturalisches Versöhnungsblut ganz
„aufgefasset haben, und durch starken Glauben
„mit ihm innigst vereinigt sind — die Erkennt-
„niß des Steins der Weisen, der Kab-
„bala und Magia, und leitet sie durch hohe
„Obern, die da sind getreue Lehrer auf den
„unfehlbaren Wegen des Heils, Mei-
„ster über die ganze Natur, in Gott
„dem Allvater ruhen, und durch de-
„ren Gebeth sich der ewige Erbarmer
„verleiten ließ, den Orden zu ge-
„ben.“ — Dadurch entsteht denn ein

3.
Maurerisches Urim und Thummim,
oder die hohenpriesterlichen Geheimnisse
in der Freymaurerey.

Denn nach dem unverdächtigen Zeugnisse des
berühmten Bruder Chrysophiron sind
jene heiligen Väter „diejenigen, welchen

„der Allmächtige jenes große Geheimniß,
„und höchste Siegel der Natur anver-
„trauet hat, wovon auch Aaron und seine
„Nachfolger (die Häupter der Hierar-
„chie) nach der mosaischen Ordnung
„zu treuen Verwahrern als Oberste
„im Heiligthum und Oberste vor Gott
„dem auserwählten Volke vorgesetzt
„waren.“

Wer kann zweifeln, meine Brüder, daß jene
fromme Schule der Propheten und
Wundermänner* nicht der würdigste und
wichtigste Gegenstand von der väterli-
chen Sorgfalt des großen unbekannten
Obern seyn müsse, der im innern Orden
die Stelle Aarons und seiner Nachfolger vertritt, und den der bekannte Archidemides ab Aquila fulva unsern Brüdern
mit eben so viel Eifer als Behutsamkeit
geprediget hat? Indessen finden sich unter den
merkwürdigen Aktenstücken, welche die Berlinische Monatschrift besonders im Julius d. J. geliefert hat, Beweise genug, wie
sehr jener große Meister, und sein verdeck-

---

* Aus welcher hervorgegangen sind, oder zu welcher sich wenigstens bekannt haben Saint-Ger-
main, Schröpfer, Gaßner, Meßmer
und dessen Apostel, Cagliostro, und die
nur im Orden bekannte X, Y, Z.

tes Kapitel auch die maurerische Layen-
welt seiner Aufmerksamkeit gewürdiget hat.
Durch diese Beweise wissen wir gegenwärtig mit
aller historischen Zuverlässigkeit, daß man unsrem
Orden Grade der Würde und der Geheimnisse aufbringen wollte, und hin und wieder wirklich aufgedrungen hat, von denen unsre
höchsten bekannten Oberen selbst nichts
wußten, und nichts wissen sollten, * — „daß
„es ein verdecktes Kapitel der Kleriker
„gab, oder noch giebt, welches die höchsten
„Grade in der Freymaurerey besaß, mit
„ins Innerste eingegangen ist, das
„Höchste des Ordens kennt, und das
„innere Werk für den Orden thut, und
„zwar für jenen Orden, dem nicht die
„Freymaurerey seine Existenz gegeben,
„sondern der die Freymaurerey ge-
„boren, und sich derselben als eines
„mit Hieroglyphen gestickten Vor-
„hangs bedient hat;" — endlich daß das
innere Werk für den Orden von unsern

---

* So schrieb der erwähnte Archidemides an
den vorigen Großmeister der vereinigten Mau-
rerlogen in Teutschland — und hat seine im
Antinicaise 2. B. dem Publikum vorgeleg-
ten Briefe, die dieß und noch mehr Bedenkli-
ches enthalten, bisher weder abgeläugnet, noch
erläutert.

höchstverehrungswürdigen bekannten
Obern nicht getrieben wurde, daß es sich allein
in klerikalischen Händen befunden habe,
„dem innersten Orden als ein ihm ge-
„höriges Depositum anvertraut war,
„dessen das Volk nie theilhaftig wer-
„den konnte, und nicht einmal jegli-
„ches Glied des Ordens selbst, auch
„nicht um Geld und Schätze, sondern
„nur allein die, welche Eifer und Ge-
„duld zu jenem dreymal gesegneten
„Vater durch einen gütigen Führer
„bringt.‟

  . Wer übrigens diesen dreymal gesegneten
Vater, dessen Urim Unfehlbarkeit, und
dessen Thummim das große J. ist, noch
näher kennen lernen will, den muß ich an die
Worte und Handlungen seiner Abgesandten,
Apostel und Propheten anweisen, die ge-
genwärtig der Welt vor Augen liegen. Die
Hauptmissionen an die teutsche verei-
nigte Maurerey geschahen 1767 durch Fr.
Archidemides ab Aquila fulva, Presbyt.
Cler. h. o. T., 1776 durch Fr. Theophilus
a cygno triumphante Presbyterum tertii
Novitiatus ducem decem millium confoe-
deratorum etc. und 1782 durch W.. und

H.. und B...* Mehrerer andrer nicht zu gedenken. Man wird an jedem derselben den Geist der Nachfolger Aarons und ihrer Zunft wiederfinden, jenen Geist, der sich erst vor kurzem in jenem salbungsvollen Hirtenbriefe ergossen hat,** der die wahren und ächten Freymaurer „vor dem falschen „Schimmer der Illumination, und der Mi„nervalweisheit, die da in zeitliches „und ewiges Verderben bringt,“ so treulich und nachdrücklich warnet; jenen Geist endlich, der, um es nicht bey bloßen Worten bewenden zu lassen, das zeitliche Verderben über die ungerathenen Freymaurer in Bayern wirklich verhängt hat, zum warnenden Beyspiele, und heilsamen Schrecken aller derer, die sich beygehen lassen, das Organ des blinden Glaubens in ein Organ der Vernunft umschaffen zu wollen.

* Beyträge zur philosophischen Geschichte der heutigen geheimen Gesellschaften. 1786.

** Hirtenbrief an die wahren und ächten Freymaurer des alten Systems. 1785. S. 244.